O Equilíbrio do Temperamento Através da Música

Gregório José Pereira de Queiroz

O Equilíbrio do Temperamento Através da Música

UMA NOVA MANEIRA DE OUVIR MÚSICA

EDITORA CULTRIX
São Paulo

O CD que acompanha este livro
não poderá ser vendido separadamente.

CAPA:

PIET MONDRIAN (1872-1944)
Rosa Branca num Copo, depois de 1921
Witte roos in glas
Aquarela, 25,5 X 21,5 cm
Haia, Haags Gemeentemuseum

Dália Vermelha, 1907
Aquarela, 30,5 X 23 cm
Nova York, The pierpont Morgan Library,
Daisy Shapiro Bequest

Amarilis, 1920
Aquarela, 49,2 X 31,5 cm
Amsterdã, coleção particular

Açucena, depois de 1921
Lelie
Aquarela e lápis de cor sobre papel,
25 X 19,5 cm
Haia, Haags Gemeentemuseum

Edição	Ano
1-2-3-4-5-6-7-8-9	97-98-99-00

EDITORA CULTRIX LTDA.
Rua Dr. Mário Vicente, 374 – 04270-000 – São Paulo, SP – Fone: 272-1399
E-MAIL: pensamento@snet.com.br
http://www.pensamento-cultrix.com.br.

Impresso em nossas oficinas gráficas.

Sumário

Prefácio

O Homem Compõe a Música/ a Música Compõe o Homem

As tecnologias do mundo contemporâneo criaram inúmeras facilidades para o homem. Conheceu-se com elas, porém, um sem-número de novos problemas que justificam a expressão constantemente ouvida, os chamados "males da civilização". Tornou-se possível, por exemplo, sentar-se solitária e descontraidamente à margem de um lago para pescar e, com a simples introdução nos ouvidos de minúsculos aparelhos, ouvir-se toda a grandiosidade de uma *Nona de Beethoven*, executada por uma superfilarmônica dirigida por um grande maestro que nem sequer mais vive.

Fenômeno dessa natureza, absolutamente inusitado há até bem pouco, só tornou-se possível com a criação de gigantescas e sofisticadas máquinas de comunicação. Por suas proporções, custo e velocidade de funcionamento, essas máquinas acabaram gerando, por outro lado, novas situações que atuam diretamente contra a qualidade e o nível cultural da informação musical veiculada.

Sabedora dessa absoluta necessidade do homem de estar em constante contato com a música — mais do que com qualquer outro fenômeno fruto de sua imaginação —, essa indústria cultural acabou metralhando-o com uma bateria de artificialismos pirotécnicos, para que ele os consuma ininterrupta e freneticamente.

Nos dias que correm tornou-se mais importante “consumir” do que saborear com sensibilidade e entendimento o fenômeno cultural.

A industrialização da cultura não trouxe para o homem, até o momento, os mesmos benefícios que a industrialização da tecnologia. Enquanto se consomem equipamentos domésticos cada vez mais baratos e sofisticados, a cultura de massa, em todo o mundo, desce a níveis de qualidade cada vez mais baixos.

Por esse motivo, torna-se importante a publicação de *O Equilíbrio do Temperamento Através da Música*, de Gregório José Pereira de Queiroz. Este livro irá levá-lo a investigar sua sensibilidade e entendimento musicais, não para encontrar soluções, mas para torná-lo ainda mais curioso em relação à magia sonora e seus poderes feiticeiros. Ele irá conduzi-lo a um rastreamento daquilo que foi inventado pelo homem através da história e dos códigos de estruturação do som por ele criados, mas vai desafiá-lo a compreender o gênio criador a partir de suas relações com o universo que o criou.

Estabelecendo instigantes relações entre a obra e o homem, vamos observar que nada acontece gratuitamente, seja nos frutos do esforço humano, seja no cosmos onde ele atua e cria.

A partir de sua leitura, a audição do primeiro acorde já vai ter novas características. Ela vai estar inserida num contexto mais amplo, sua visão crítica será ainda maior, abrindo assim um caminho a mais para uma degustação mais profunda da beleza sonora.

Maestro Júlio Medaglia

Apresentação

Este livro pretende incentivar uma nova maneira de ouvir música.

A música faz parte do nosso cotidiano em quase todos os momentos. Estamos imersos na vasta divulgação das músicas de hoje e de ontem, com os meios de reprodução sonora difundidos por todos os cantos, levando em alta tecnologia sonora a música a um grande número de pessoas.

Em nenhuma outra época foi tão fácil o acesso à música. Podemos hoje ouvir música de todas as culturas, praticamente todos os gêneros, todos os compositores, timbres e proposições musicais que existiram e existem nesta terra. Não estamos mais restritos ao repertório e à qualidade dos músicos de nossa aldeia.

E, como acontece com o grande volume de informação cultural disponível, há a tendência a perdermos a orientação em meio a tanta facilidade de opção no mundo da música. A música, assim como a cultura em geral, passa a parecer uma questão de "livre afinidade", de passear e se associar no vasto repertório de informações disponíveis.

Por falta de outra orientação, o gosto pessoal passa a ser o que determina a escolha musical, o que, por incrível que soe, é típico de nossa época. Nunca antes o "gosto" fora o padrão de escolha dos sons que permeavam a vida das pessoas.

Os cantos e a música do folclore, de todas as regiões do mundo, nasceram de necessidades características de cada grupo de pessoas, quase sempre ligadas a celebrações coletivas e ritos religiosos. O caráter anônimo das composições e a difusão por igual entre todas as pessoas da "tribo", como um bem comum que lhes confere unidade na formação de caráter e de hábitos, é indício de que a música vivida por essas pessoas era fruto não do gosto pessoal, mas de um padrão resultante do grupo a que pertenciam.

Na música considerada erudita, de qualquer período ou povo, temos a música regida pelos princípios do que se poderia chamar de Conhecimento Tradicional. Nas culturas antigas, a grega (a mais antiga conhecida no Ocidente), a chinesa, a hindu ou a árabe, os princípios regentes da música estão em estreita relação com valores superiores, de ordem cosmológica. As músicas e os sons ouvidos pelas pessoas eram escolhidos por conhecedores da função da vibração sonora e seus efeitos.

Muitas histórias e lendas aludem aos "sons proibidos", considerados deformadores do caráter, banidos da música recomendada, o que significava problemas sérios para aqueles que insistissem em fazê-los soar, tanto pelo prejuízo efetivo do som sobre o músico insistente, como pelos maus olhos com que era visto por seus próximos.

No período Medieval, no Ocidente, o padrão religioso e filosófico orientava a música ouvida. Os modos e práticas musicais foram, por mais de meio milênio, definidos pela igreja cristã, época do canto gregoriano. Até o Renascimento, a música se vincula à religião, à filosofia e à metafísica, e, em sua grande maioria, os compositores eruditos buscavam transmitir, pela música, valores religiosos e místicos, com maior ou menor êxito em sua tentativa. A música continuava a ser uma escolha não nascida de afinidades pessoais.

A partir de então firma-se o que conhecemos como a música erudita ocidental, ocorrendo seu início no século XIV ou XVII, conforme se utilize um critério abrangente ou mais estrito. É o período em que a arte musical começa a ser usada, e cada vez mais no avançar dos séculos em direção a nós, para a manifestação do temperamento pessoal do compositor, daquela manifestação humana que muitos chamam de "sentimento".

Ainda no início dessa música, digamos, nos períodos Barroco e Clássico, ela estava a serviço de celebrações e situações sociais, às vezes de caráter religioso, ou para a criação de atmosfera em momentos marcantes da vida coletiva. Um compositor como Bach tem parte de sua obra associada aos serviços religiosos de cada semana do ano. Compositores como Handel, Haydn e Mozart escreveram grande parte de sua obra para compor ambiente em diversos tipos de eventos sociais, fosse casamento, funeral, almoço, batismo, deleite estético, missa ou guerra (como também os hinos compostos para fortalecer os ideais das revoluções francesa e americana em seus respectivos povos).

A partir do período Romântico a expressão das sensações pessoais na música se torna soberana. As escolhas, primeiro por parte do compositor, e depois por parte dos ouvintes, passam a ser subjetivas e pessoais. Ao mesmo tempo, a linguagem musical vai se desenvolvendo em formas elaboradas e complexas, de modo a transmitir mais nuances de sentimento.

Se parece simplificação exagerada este "resumo da música ocidental" em meia página de livro, quero esclarecer o que pretendo: delinear o caminho da subjetivação da música desde seu surgimento e, conseqüentemente, afirmar a necessidade de um padrão que organize os valores (subjetivos) contidos na música ocidental.

Por algum motivo, a música ocidental não seguiu o caminho da música de outros povos que tenta retratar a unidade, o espírito criador, enfim, uma música voltada exclusivamente para a expressão dos dons do espírito. Nossa música caminhou no sentido de retratar a subjetividade da psicologia humana. Este é o material que nós, ocidentais, temos em mãos como patrimônio da arte musical.

Quando o padrão musical tinha por base uma unidade superior, tudo era simples, como nos cantos gregorianos: usavam-se apenas algumas seqüências de notas, havia doze modos a partir dos quais criar melodias, o canto era em uníssono, instrumentos não eram usados como acompanhamento etc. A música foi se tornando mais complexa, tentando retratar não mais a perfeição da Criação, as leis do mundo superior, que têm acima de tudo um caráter de *unidade*, mas o universo interno do ser humano, sua interioridade, que, na maior parte das vezes, é bastante caótica, pois que sua característica principal é a *diversidade*.

Hoje não há padrões que orientem a audição musical no Ocidente, ou que lhe confiram um padrão de unidade (em meio à diversidade). Ouve quem quer, o que quer. Condição perfeitamente de acordo com um período como este nosso, de alta subjetividade, individualismo e de liberalidade para com as manifestações psíquicas humanas, em que cada um pretende escolher por si aquilo com que sente afinidade e lhe faz bem (associando estes dois conceitos que, na verdade, podem ser bastante divergentes).

Tente explicar a alguém que o tipo de música que lhe é adequada é este e não aquele. E você não precisa tentar com um adolescente, para ver nascer uma forte rebeldia. Mostre a um adulto que escutar tantos boleros reforça as dolências amorosas, ou que aquele *jazz* cerebral resseca ainda mais um coração inafetivo. Seria uma ofensa à liberdade de escolha. Tal atitude de orientar a escolha alheia seria considerada dogmática, arbitrária etc.

Piores seriam as tentativas de se criar regras coletivas para a audição musical, como um decreto determinando que somente seria permitido ouvir *rock*, Beethoven ou samba às terças-feiras ou sábados, mesmo no uso pessoal e doméstico. Seria socialmente inadmissível, haveria protestos etc.

As imposições feitas por meios subliminares não contam, pois fingidamente não restringem a liberdade de ninguém. Se todas as rádios da sua cidade tocam as mesmas músicas, toda a garotada vai escolher ouvir essas músicas. E ai de quem ousar bloquear essa "liberdade de escolha".

Tempos engraçados estes, em que qualquer regulação da música a ser ouvida — o que, mesmo considerando a grande margem de se cometer erros de avaliação, seria uma tentativa de ordenar as coisas numa direção escolhida — receberia a taxação de um perfeito absurdo, enquanto as imposições subliminares, mesmo reconhecidas, são, bem ou mal, aceitas e vividas com entusiasmo.

Mesmo nestes tempos que, acredito, não são assim tão diferentes de qualquer outra época, as pessoas podem, contudo, orientar-se no emaranhado de opções musicais à disposição, fazendo suas escolhas não somente pelo "gosto" coletivo ou pessoal, mas também de acordo com algum tipo de padrão que permita entender os conteúdos musicais e organizar a relação que estes têm com sua interioridade.

O que estou propondo como maneira nova de ouvir música é uma escolha individualizada da música, em que a subjetividade das escolhas e as "imposições naturais do ambiente" dêem lugar a uma relação voluntária e organizada, e portanto potencialmente mais positiva e saudável, com a música.

Proponho ainda mais: uma atitude voluntária no modo de audição musical, transformando a música, *a partir da atitude do ouvinte*, num estímulo para o reencontro da pessoa com sua natureza legítima, denominada *temperamento*. Esta é uma face da audição musical que aprimora o estado emocional, colocando-o em ressonância com aspectos vitais inerentes à pessoa e, portanto, equilibrando-a ou "afinando-a" num padrão vibratório mais elevado.

A boa música pode funcionar, e bem, como apoio ao esforço de elevação, que é pessoal, voluntário e tecnicamente muito bem definido. Estou apresentando uma técnica simples e introdutória, contudo eficaz e poderosa em seus efeitos equilibrantes, podendo ser praticada pelo leitor-ouvinte a partir das peças musicais constantes do CD que acompanha este livro.

A música é um bom apoio para o trabalho de elevação emocional. No entanto, a sugestão de que a música por si é capaz de fazer isso não só é incorreta — pois isso em verdade depende da postura assumida pela pessoa diante da música —, como se torna absurda quando se estende para o valor da música como fator de elevação espiritual.

Desenvolvimento ou elevação espiritual é indissociável de esforço voluntário para se alcançar certo grau de consciência de nós mesmos. Não há estímulo externo que provoque aumento de consciência. Seria uma contradição óbvia esperar um acréscimo de consciência, inconscientemente, isto é, a consciência de nós mesmos ser produzida por algo exterior. Apenas por receber o impacto de certos sons, palavras ou cores, não nasce consciência nem elevação do estado interior.

Pode nascer bem-estar, relaxamento, melhor disposição, sendo estes os efeitos dos quais nos valemos nas propostas colocadas neste livro, para, com a atitude adequada, nos concentrarmos para elevar o estado emocional.

Os padrões da música ocidental conservaram-se até certo ponto intactos ao longo dos séculos, mantendo em sua estrutura os princípios que ordenam a vida e que são a matéria de estudo do Conhecimento Tradicional.

Sobre ou em meio a esses padrões, os compositores ocidentais inseriram toda a imensa gama de sentimentos humanos, talvez todas ou quase todas as sensações possíveis ao ser humano, chegando a uma música subjetiva e pessoal que pode vir a estimular a psique dos ouvintes, sua emocionalidade e sensações de vida, desde que se saiba como recuperar um padrão objetivo para esses sentimentos ou sensações.

Está proposto neste livro um padrão objetivo na escolha das músicas para audição, conforme o temperamento da música e do ouvinte — de modo a estimular o entendimento da relação entre música e ouvinte —, e a audição da música adequada para, em cada caso, aprimorar o caráter humano.

Conviver com o patrimônio musical do Ocidente e com ele aprender a reconhecer as características da emocionalidade e estimular a melhor qualidade dos diversos temperamentos humanos é uma contribuição possível da música para o desenvolvimento da pessoa humana.

Utilizando a música como recurso de equilíbrio da interioridade humana, segundo um padrão organizado e de fácil acesso, como o padrão astrológico, aqui proposto, abre-se a possibilidade de uma experiência artística harmonizante. Com a audição ordenada de música, ou, ainda mais, pela prática musical, esta arte pode retomar sua função de formar o caráter humano.

Uma Nova Maneira de Ouvir Música

Música, Corpo e Emoção

A divisão com que comumente nos referimos a nós mesmos, seres humanos, e que nas Escrituras é colocada como o barro e o sopro de vida, o sopro divino, mostra a criatura humana composta por dois aspectos distintos.

Um desses aspectos é o físico, composto de materiais tirados desta terra. Nele estão englobados tanto o corpo físico quanto o psíquico, formado em grande parte por sensações ligadas a experiências no mundo físico.

O outro aspecto humano, indefinível não obstante sua óbvia existência, é chamado de *vida* ou *vitalidade*.

O conjunto físico e psíquico do ser humano, isto é, a matéria que o compõe, emite um *timbre vibratório* quando tocado pela vitalidade que lhe concede a vida.

O sopro vital faz o conjunto humano ser "posto para vibrar", como um instrumento musical que emite sua sonoridade quando soprado ou dedilhado pelo artista.

O conjunto humano é composto por diversos aspectos, desde os padrões mais sutis da psique até o batimento cardíaco, ritmos orgânicos, ritmo glandular, modo de movimentação, postura corporal e atitude existencial, modulação do pensar, emissão de ondas cerebrais, estado emocional etc.

O *timbre* de uma pessoa é a somatória resultante desses diversos aspectos em conjunto, de seu "corpo posto para vibrar".

O modo como se forma o timbre vibratório de uma pessoa, entendido como a resultante de seus constituintes físicos e da vitalidade que lhe toca, é análogo ao modo como se forma o som e, em particular, a música.

Quando existe energia em movimento atuando sobre um corpo, o corpo vibra e essa vibração emana para o ambiente. A vibração tem muitas formas de se propagar, como o calor, o magnetismo e a luz. Uma das formas de a vibração se propagar é o som.

Todo "corpo posto para vibrar", o que vale dizer, todo corpo vivo, emite som.

Num processo análogo ao humano, e à criação da vida, o som da música é formado pelo conjunto de ondas vibratórias nascidas de instrumentos, os quais são tocados, não diretamente pela vitalidade, mas por uma decorrência desta, o movimento humano, fazendo dos instrumentos emanarem vibrações sonoras, compondo diferentes timbres, melodias, harmonias e ritmos. Estes formam o que chamamos "música".

Os instrumentos musicais são "corpos postos para vibrar", como o próprio corpo humano. Cada instrumento tem um timbre e uma sonoridade que lhe são próprios, de acordo com sua constituição física. Assim também as pessoas têm um timbre pessoal diferente, de acordo com a constituição de seu conjunto físico-psíquico, que aqui estaremos chamando de temperamento.

Ao ouvirmos os sons de diversas flautas doces, com seus diferentes sons variando conforme seu comprimento e os diversos orifícios, podemos ter uma boa idéia de como um mesmo impulso vital (o sopro) faz soar timbres, alturas sonoras e resultantes vibratórias diferentes, mesmo em instrumentos tão semelhantes.

Podemos imaginar as diferenças entre as pessoas, cada uma delas movida pelo mesmo sopro vital, mas manifestando-o sob uma forma diferente e soando de maneira particular e inconfundível, isto é, manifestando o sopro vital sob a forma de um temperamento pessoal.

Quando encontramos um instrumento de bela sonoridade, feito de boa madeira, com as proporções especialmente corretas, dizemos do "sentimento" ou da "alma" que possui o som desse instrumento (especialmente quando tocado por um verdadeiro artista). A sonoridade de um instrumento malfeito, de madeira rachada ou com as cordas desafinadas, nos causa sensação desagradável. O som que dele sai é incômodo e desproporcionado, gerando desarmonia mesmo quando nas mãos de um bom instrumentista.

Assim também com o ser humano: seu "estado interior", a capacidade psíquica de perceber, sentir e entender, está em íntima dependência das condições físicas.

Um instrumento fisicamente malconstituído é incapaz de soar harmoniosamente, por melhor que seja o estímulo que o coloque para vibrar. Um piano desafinado não se torna afinado ao ser tocado por um grande pianista. A qualidade da constituição física e a afinação do corpo do instrumento são condições necessárias para dele se extrair boa sonoridade, um belo timbre e vibrações musicais harmoniosas.

Assim também uma pessoa necessita do corpo físico funcionando bem, incluídas aí as funções refinadas do corpo, como o sistema nervoso, o sistema glandular e o cérebro, além de todas as demais funções vitais. Com um corpo físico funcionando bem é possível um estado interior ou psicológico harmonioso. Com o corpo funcionando mal, nenhum sentimento ou pensamento pode soar bem no interior da pessoa.

Grosso modo conhecemos esta experiência, por exemplo, quando alguém nos traz uma boa notícia e estamos indispostos, por cansaço, dor ou disfunção orgânica. A boa notícia não nos cai bem, mesmo sendo boa. Podemos tentar "adiar" recebê-la, isto é, deixamos para pensar nela ou nos alegrar com ela depois, quando estivermos melhor. Obviamente, ao tentarmos voltar àquela boa notícia, num momento de melhor disposição, não encontraremos mais a mesma coisa. De certa forma, ela foi assimilada junto com a indisposição, gerando uma experiência malconstituída que é, a partir de então, praticamente impossível de ser modificada.

Isso deveria ser demonstração suficiente da necessidade do bom funcionamento do corpo para recebermos bem a vida, pois que a disposição do instrumento físico/psíquico *ao momento de uma experiência* é decisiva para a qualidade dessa experiência.

De nada adianta afinarmos o violão depois da serenata ou o piano depois do concerto, pois a experiência terá transcorrido sob condições de desafinação, e estas não poderão mais ser alteradas.

Em grau mais sutil que o do exemplo acima, a disposição ou indisposição orgânica define nosso estado psíquico o tempo todo, sem que percebamos a extensão de tal interação.

Corpo físico e estado psíquico estão intimamente ligados. Em particular, aquela parte, dentre os aspectos humanos, que chamamos de *emoção*, é íntima dos estados orgânicos, glandulares e cerebrais. Corpo e emoção são, na verdade, para o homem comum, um só corpo, assim como no instrumento musical sua forma e constituição física são um só com o timbre sonoro que emitem.

O timbre sonoro e o estado emocional, que emitem respectivamente o instrumento e o corpo, não são mais do que a extensão, emanada para o ambiente, daquilo de que são constituídos. Uma lata não pode soar como um oboé, nem vice-versa. A saúde não pode recender a melancolia. Nada pode emanar o que não é.

(Eis o problema dos sons produzidos eletronicamente: eles emanam o que não são. Este é o sentido da artificialidade ou falsidade da qual as pessoas de certa sensibilidade acusam os instrumentos eletrônicos, e mesmo a reprodução musical através de caixas de som e de aparelhos que tocam os discos.

Quem teve a experiência de escutar ao vivo um bom instrumento nas mãos de um artista da música, ou ainda, toda uma orquestra ou um instrumento excepcional, como certos violinos lendários, sabe do colorido sonoro e das reverberações harmônicas que emanam para o ambiente em que o instrumento é tocado, e que não podem ser reproduzidos sem que se criem condições físicas de reprodução do som semelhantes às do instrumento.)

A vibração sonora e musical, sendo produzida por um corpo constituído segundo certas características harmoniosas (o instrumento musical), emite um padrão harmonioso para o ambiente, denominado **música**.

Por causa de sua característica de ser uma emanação (vibração) harmoniosa, a **música** estimula em particular aquela parte dentre os aspectos humanos que é também emanação, denominada **emoção**.

Vimos o quanto emoção e corpo estão ligados no homem comum. A música, ou seja, a vibração sonora modifica o estado emocional por meio de modificações no estado do corpo físico. Estas modificações físicas estão associadas a mudanças fisiológicas e neurológicas, como já comprovado cientificamente. Não obstante, são modificações que atuam principalmente na criação de condições no estado físico que estimulam determinados estados emocionais.

Se, numa vaca, a resposta ao ouvir Wagner ou Mozart é dar mais leite, talvez o faça por falta de outra opção de resposta para a vaca. Talvez seja o mais próximo que consiga chegar de um estado psicológico predisposto à emoção contida nessa música. Uma distorção aceitável, se considerarmos que tal música não foi composta para bovinos, e que portanto uma adaptação forçada se faz necessária da parte do animal para responder a um estímulo dessa natureza.

No ser humano, normalmente mais bem equipado que o nobre bovino para manifestações psicológicas, o efeito da música sobre o corpo físico é prepará-lo, colocá-lo em condições (físicas) de modo a estar disposto a permitir à psique sentir determinados tipos de sentimentos, em particular aquele presente na música.

O estado físico e emocional, por ressonância à música, se modifica conjuntamente, como que tomando a "forma" da sonoridade, experimentando o conteúdo emotivo presente na música. A emotivação emanada da música dá um novo timbre emocional à pessoa.

Normalmente, o estado emocional das pessoas é formado pelo conjunto de situações e percepções a que ela está submetida, tanto internas como externas. Coexistem em nós gestos, humores, pensamentos e estados orgânicos variados, estimulados por circunstâncias diversas, apontando para diferentes direções, sem uma orientação harmoniosa. O estado emocional é conseqüência da somatória sem sentido e contraditória de todas essas coisas.

Faz-se necessário encontrar um modo de harmonizar as experiências sensoriais para, ao menos por alguns momentos, nos envolvermos por inteiro em uma experiência que conduza o estado físico/emocional a um estado harmonioso.

É com esse sentido que será conduzido o trabalho de audição musical.

Na música, particularmente na música orquestral, com seus diversos instrumentos entoando sons e timbres diferentes, temos uma boa imagem de diversos "corpos em vibração" funcionando dentro de uma orientação harmoniosa.

O "corpo em vibração" dos humanos também contém diversos instrumentos funcionando ao mesmo tempo, sem, no entanto, a necessária harmonia para que a resultante (o timbre físico/emocional) tenha as qualidades de integração, senso de proporção e equilíbrio.

As cordas dos instrumentos (violino, violão, harpa, piano), o ar nos tubos dos instrumentos (flauta, clarineta, órgão), a pele nos instrumentos de percussão (tímpanos, tambores) e ainda as cordas vocais na voz humana são corpos colocados em vibração. Seja através de percussão, como o piano e o tambor; de um dedilhar, como o violão e a harpa; de um arco tensionador, como o violino e o violoncelo; ou do sopro do ar, como na flauta e na voz humana.

Desses "corpos em vibração" nascem os sons que chamamos música. São corpos afinados para vibrar dentro de determinada gama onde tudo é preparado para se obter harmonia entre as diversas vibrações produzidas.

Há toda uma "ciência das vibrações" fundamentando a música, onde proporções naturalmente afins entre padrões vibratórios são respeitadas. Um rigoroso sentido de proporção, obedecendo às leis encontradas na natureza vibratória dos corpos, baseia toda a música. A definição da escala e das notas musicais se dá a partir dessas leis, que podem ser encontradas ordenando todas as muitas dimensões do universo.

As leis geradoras das proporções sonoras (as proporções entre intervalos de som, a oitava, a quinta etc.) estão presentes nas proporções entre as órbitas planetárias, nas proporções do corpo humano, nas proporções do funcionamento das glândulas endócrinas. Estas analogias entre manifestações de diferentes dimensões eram bem conhecidas das ciências antigas e foram parcialmente demonstradas pela ciência atual.

A música criada sobre essas proporções reflete sonoramente essas leis, conferindo um sentido de consonância com elas a tudo o que se faça dentro dessas proporções.

Os instrumentos musicais foram criados a partir dessas leis de proporção e harmonia entre as diversas vibrações. Dentro da música erudita ocidental, em particular, as músicas são criadas com base nessas leis, exprimindo as diversas possibilidades de harmonia entre as vibrações (numa analogia com a gama variada de experiências emocionais do homem ocidental).

A música ocidental evoluiu de uma obediência simples às leis de harmonia e proporção das vibrações (como nos cantos gregorianos ou, num outro sentido, nos períodos Barroco e Clássico), passando pela experimentação de todas as sensações sonoras e nuances emocionais (como no período Romântico) até a quase dissolução desses padrões de proporção natural das vibrações (como no caso de Wagner e Debussy), percorrendo nesse caminho praticamente todas as possibilidades, até agora percebidas pelo ser humano, de expressão da harmonia das vibrações.

A música erudita do século XX muitas vezes tem enfatizado a ausência de harmonia natural, através de aglomerados sonoros caóticos ou deixando de lado esse padrão natural (como em algumas formas da música contemporânea; por exemplo, na dodecafônica ou serial). Esta música funciona bem para mostrar ou diagnosticar o caos que parece estar presente nestes tempos e na condição humana atual, quando se busca chegar a novos valores. Mas é uma música que não funciona para restabelecer a harmonia potencialmente presente na natureza humana.

A música deste século, a música contemporânea, é caracterizada pela busca de inovação da linguagem musical, acima de tudo. Assim também é nas demais artes. Há uma negação dos valores pertencentes à ordem estética anterior, buscando um novo universo de valores. Assim, foram deixados de lado os padrões de harmonia das vibrações sobre os quais a música foi estabelecida, desde a Grécia Antiga, por Pitágoras.

O sistema musical ocidental foi criado segundo os padrões de harmonia encontrados nas leis da natureza e está em estreita (mas esquecida) relação com o padrão vibratório humano. Melhor dizendo: em estreita relação com as leis de funcionamento do cosmos e de toda a Criação e, portanto, das leis que criam e sustentam vivos os seres humanos.

A música ocidental, por ter sido criada como foi, é um modo de representação sonora de leis da Natureza e, conseqüentemente, do universo humano. A harmonia de vibração presente na estrutura da música ocidental é a harmonia possível à experiência humana, pois é a harmonia presente na base da natureza humana, capaz de, uma vez estimulada, nos recontatar com o equilíbrio presente na raiz da nossa formação.

Há outros modos de representar as leis naturais. A música de outras culturas, como as do Médio ou Extremo Oriente, contêm algumas outras representações possíveis para estas mesmas leis, ou ainda, contêm a representação destas leis não somente no sistema de harmonia adotado, mas ainda no treino da atitude dos intérpretes e músicos, e na utilização que se faz desta música, seja para fins de dança, meditação ou celebração.

Ao ouvirmos música, colocamos a membrana auditiva (em particular) e todo o corpo físico como ressoadores da vibração sonora dos instrumentos musicais, que atua sobre nosso corpo interferindo e alterando seu estado vibratório. O estado emocional (a emanação do corpo físico) é imediatamente alterado por essa interferência musical.

Aliás, todo som, seja ruído, barulho, melodia, fala humana ou qualquer outro, interfere diretamente em nosso estado emocional.

(Daí que a chamada "poluição sonora" afeta muito mais do que tímpanos e sistema nervoso pela quantidade de decibéis. A vibração sonora na qual estamos mergulhados — nosso ambiente sonoro — afeta o padrão vital, contribuindo para formar nosso "tom emocional predominante". Estudos sobre o desgaste emocional continuado — *stress* — causado pela poluição sonora ainda estão por ser aprofundados, mostrando como a qualidade do que se ouve ao longo do dia produz as sensações predominantes no estado interno.)

A música, como nenhuma outra arte, é capaz de atuar sobre o ser humano modificando seu padrão emocional e vibracional, isto é, o padrão de seu conjunto vital através da atuação sobre o corpo físico e as emoções. Somente a dança tem um poder maior de modificar o estado vibracional; no entanto ela exige que a pessoa seja a executante dos movimentos, o que impõe anos de prática, algum talento natural etc.

A dança, como as demais artes (pintura, poesia, teatro), é capaz de envolver o ser humano pela percepção estética, por meio de um processo de entendimento (mental, acima de tudo). Tendo a mente humana como "tradutora" da expressão artística, as interpretações pessoais (temperamentais) e filosóficas (segundo padrões de época) se impõem, distorcendo o contato direto com a manifestação artística.

Ver dançar é muito, muito diferente de dançar.

Ouvir música é mais próximo de produzir ou executar música, na medida em que a vibração sonora é um fato físico que invade o corpo no momento da audição. Não necessita de "interpretações estéticas" para seu conteúdo harmonizante ser absorvido pelo corpo e atuar sobre o padrão emocional (e vibracional) da pessoa ouvinte.

(Veremos adiante a necessidade de se "ouvir com o corpo todo" a música para que ela atue realmente sobre o padrão vibratório. Isso requer uma técnica que merecerá a atenção de todo um capítulo.)

A criação musical, a execução musical e a audição musical são as três formas de participação do universo de harmonia vibracional contido na música. Através delas absorvemos equilíbrio e proporção para compor um universo pessoal de melhor qualidade vibracional.

Algumas pessoas dotadas de talentos particulares foram capazes de compor música dentro do padrão de proporção harmoniosa das vibrações, conforme proposto pela arte ocidental. A música assim criada tem a capacidade de compor numa pessoa um estado vibracional de certa qualidade.

O homem compõe a música, a música compõe o homem.

Música e Temperamento Humano

O temperamento dos criadores da música, do compositor e dos executantes, está presente na obra que criam. O compositor e o instrumentista colocam seu “padrão de vibrações” na música.

O temperamento de uma pessoa está associado, assim como no instrumento musical, ao material do qual é constituído. Esse material constitutivo, se em sua base é comum a todos os humanos (todos possuímos batimento cardíaco, as mesmas glândulas, os mesmos órgãos e processos fisiológicos etc.), tem muitas diferenças nas qualidades com que existe em cada indivíduo e nele se manifesta.

Assim como dois violões têm o mesmo formato geral, são do mesmo material, às vezes madeira de uma mesma árvore ou tipo de árvore, mas de acordo com certas pequenas diferenças em sua construção, apresentam resultados sonoros completamente diferentes, assim também as pessoas têm uma “forma geral” muito semelhante, mas características e modos de abordar a experiência existencial bastante particulares, conforme seu temperamento.

Pelo fato de a música conter em si uma estrutura harmoniosa, *e quando o compositor e o instrumentista conhecem e acatam essa estrutura*, o temperamento individual, presente na criação da obra musical, é reelaborado pela estrutura musical, que o coloca dentro de um padrão de harmonia.

O temperamento do compositor, reelaborado, "afinado" pelo padrão da música, está presente nas composições, podendo ser absorvido pelo "ouvinte", isto é, por aquele que imerge seu corpo no campo de vibrações da música.

Cada pessoa tem um temperamento particular, isto é, tem uma composição particular de vibrações (físico-orgânicas, sensoriais, cerebrais, vitais, mentais e psíquicas), sendo temperado com diferentes proporções e qualidades desses componentes.

Para cada pessoa a música de diferentes compositores (executada por diferentes instrumentistas) terá efeitos muito diferentes.

Como, então, escolher uma música para nela imergirmos nosso corpo? Como reconhecer as qualidades vibracionais de uma música? Ou, questão mais difícil: como reconhecer meu próprio temperamento? Como é a resultante do "movimento expressivo do conjunto vital de minha pessoa"? Em resumo, em que basear a relação entre temperamento da pessoa e o temperamento da música?

Existiam na Antigüidade diversos sistemas de classificação da arte do som para serem aplicados ao desenvolvimento humano e mesmo à cura de males orgânicos e psíquicos.

Na Grécia Antiga havia diversas escalas (proporções entre os sons), diferentemente da música atual que é quase toda baseada numa única escala, chamada escala diatônica. Das escalas gregas, há fragmentos de informação dizendo que a chamada escala dórica era utilizada para educar a parte emocional do ser humano, a escala frígia utilizada para desenvolver a parte mental, a escala lídia utilizada para desenvolver a intuição superior, e assim com outras escalas.

Pouco ou nada restou da música da Antiga Grécia. Existem peças atuais escritas nos antigos modos gregos, que vez por outra reaparecem na obra de diversos compositores. No entanto, escrever música num "modo lídio", por exemplo, não significa compô-la como um grego antigo o faria, nem executá-la como seria esperado para efeitos terapêuticos.

Atualmente, o modo de utilizar esses sistemas está perdido, ou talvez ainda sobreviva nas mãos de alguns, mas, de qualquer forma, fora do alcance.

Neste ponto entra o conhecimento astrológico da Antigüidade Clássica, com sua definição dos elementos constitutivos do temperamento humano, apresentando um padrão para o relacionamento entre o temperamento do ouvinte e o temperamento da música.

Este padrão tradicional dos quatro temperamentos humanos foi definido dentro das mesmas escolas e ambiente cultural nos quais se originaram os fundamentos da música ocidental, nas chamadas Escolas dos Mistérios, das quais Pitágoras fez parte, e onde nasceu o conhecimento que veio a formar os aspectos artísticos, filosóficos, científicos e religiosos da cultura grega.

Astrologia e Música têm em comum muito mais do que parece. Estão intimamente ligadas enquanto matérias que refletem o universo humano. A Astrologia reflete este universo por meio de símbolos celestes que, interpretados pelo intelecto, permitem estudá-lo, entendê-lo e organizá-lo. A Música reproduz o universo humano, captado e revelado pela sensibilidade emocional, permitindo compreendê-lo com os sentimentos.

Astrologia e Música são retratos compreensivos da natureza humana. Em sua mais elevada expressão, contêm os diversos aspectos particulares e especiais que compõem a complexa natureza humana. São retratos que se completam, pois captam a natureza humana de ângulos diferentes.

O conhecimento astrológico da Antigüidade Clássica situa o temperamento humano como sendo composto pela mescla de quatro energias básicas, quatro elementos fundamentais que compõem tudo quanto existe.

São os quatro elementos, o Fogo, a Terra, o Ar e a Água, conhecidos desde a Antigüidade e utilizados tanto na organização filosófica do mundo pelos gregos, como Aristóteles e Pitágoras, quanto na medicina antiga, fazendo parte da base da medicina proposta por Hipócrates.

Os quatro elementos tradicionais definem os quatro temperamentos básicos da natureza humana, isto é, as quatro qualidades de vibração em que vive o ser humano. Essas quatro qualidades de vibração humana estão expressas no aspecto físico do homem (elemento Terra), no aspecto emocional (Água), no aspecto mental (Ar) e naquele aspecto de definição mais sutil, ora denominado vital, moral ou espiritual (Fogo).

Todo ser humano vive nos quatro níveis de vibração, isto é, todos nós temos um aspecto físico, emocional, mental e vital/moral/espiritual. É razoavelmente visível que todos temos um corpo físico, emoções, pensamentos e que estamos vivos.

Mas a participação de cada um desses aspectos na definição do caráter, a relação de funcionamento entre um nível vibratório e outro, o excesso de ênfase num aspecto ou noutro, a não-manifestação ou supressão de um dos níveis, além de serem de proporções variáveis de pessoa a pessoa, não são percebidos com clareza por nós com relação aos demais, e muito menos em nossa própria constituição de temperamento.

Pelo momento de nascimento e do diagrama do céu levantado para esse momento — a carta astrológica — conhece-se a proporção exata de cada elemento na composição do temperamento individual.

A qualidade do momento em que nasce uma pessoa define as qualidades de que é composto seu temperamento. Esta é a afirmação fundamental da Ciência Astrológica, e pode ser comprovada pela experiência prática, muito rapidamente, por quem se disponha a conhecer um pouco desta matéria, inclusive pelo material apresentado neste livro.

Conforme o momento do nascimento, cada pessoa é constituída por uma composição particular dos quatro elementos, todos se fazendo presentes, mas em diferentes proporções.

A matéria constitutiva do corpo físico e psíquico de uma pessoa, "posta para vibrar" pelo sopro de vida, é definida pela proporção dos quatro elementos astrológicos em seu temperamento.

As músicas também têm ressonância particular com os elementos. As características da música, a natureza do compositor e, em boa medida, a do músico que executa a peça somam-se para tornar a peça musical "representante" de um dos elementos, contendo a natureza vibratória típica do elemento.

O compositor da música, ao fazer sua obra, nela imprime o timbre pessoal de seu temperamento. Mais do que o instante em que a música é dada à luz, é decisivo o temperamento do compositor para definir as qualidades de vibração de uma música.

(Poder-se-ia considerar como o instante de "nascimento" da música, para conhecer seu temperamento, o instante em que o compositor se inspira e coloca no papel, em definitivo, sua obra, ou o instante em que a obra é tocada pela primeira vez.

Há uma dificuldade natural para se precisar o instante de inspiração, que numa obra musical são tantos, dispersos às vezes ao longo de um grande período, pois grandes obras são na sua maior parte escritas e reescritas durante meses e anos.

É possível precisar o momento da primeira execução pública de uma peça musical, em parte dos casos. No entanto, se o destino impresso nesse momento irá marcar o futuro da peça musical, a **natureza** da peça está impregnada do temperamento, da qualidade vital de seu criador acima de tudo.

O compositor, como todo criador humano, cria a partir de seu temperamento. É o seu temperamento vital que o impulsiona a criar a peça musical. Poderíamos dizer que é o temperamento quem cria. Portanto, a música terá o teor vital do temperamento do compositor.

Talvez, assim também o Criador, ao soprar a vida em tudo quanto existe na Criação, deve ter manifestado seu temperamento. Sendo Uno, como é o Criador, nunca teremos o contraste de saber como seria se tivéssemos sido criados por um Criador com outro temperamento.)

Associaremos, então, o temperamento do compositor-criador ao temperamento de **todas** as suas obras musicais. Em todas elas, a natureza musical terá o teor temperamental de seu criador.

A combinação típica dos quatro elementos presentes no temperamento do compositor se fará presente em suas obras musicais, e na mesma proporção.

De uma obra musical para outra, de um mesmo compositor, haverá diferenças, algumas expressando mais claramente o temperamento do compositor, outras nem tanto. Nem sempre as condições (astrológicas, sociais, culturais) propiciam a integral e perfeita expressão do temperamento.

Portanto, encontraremos músicas mais expressivas da natureza do compositor e outras menos expressivas, sendo necessário um certo conhecimento astrológico e musical para se reconhecer as músicas que melhor expressam um temperamento.

No entanto, a proporção entre os quatro elementos se manterá, isto é, o temperamento nas obras é o mesmo, mesmo quando manifestado de diferentes maneiras, conforme diferentes momentos e circunstâncias.

O temperamento do compositor estará reelaborado, "afinado" pelo padrão da música, presente nas composições, podendo ser absorvido pelo "ouvinte", isto é, por aquele que imerge seu corpo dentro do campo de vibrações da música.

Uma pessoa, com seu temperamento pessoal (combinação dos quatro elementos na sua carta de nascimento), que venha a imergir seu corpo no ambiente sonoro de uma música de mesmo temperamento (composta por uma pessoa de mesmo temperamento que o seu) terá a natureza vital reforçada.

Sendo a música erudita ocidental criada dentro de certos padrões, como vimos, que lhe conferem qualidades de harmonia e proporção no nível das vibrações, estas qualidades atuarão sobre o campo vital/emocional da pessoa, fazendo seu corpo ressoar as características de seu próprio temperamento, mas com um grau de harmonia que lhe será benéfico.

A música funciona aqui como influência vibratória que "afina" o padrão vibratório da pessoa, de acordo com o timbre que lhe é próprio.

Tomemos como exemplo uma pessoa de temperamento predominantemente formado pelo elemento Fogo. Ao estar em contato com uma música de padrão vibratório Fogo, ela terá seu temperamento fogoso "afinado" pelo diapasão harmonioso da música fogosa.

O mesmo acontece com todos os demais elementos. Uma pessoa de temperamento Ar será "afinada" pela harmonia contida na música aérea, a pessoa de temperamento Terra será "afinada" pela vibração da música terrosa e a pessoa de temperamento Água será "afinada" pelo diapasão harmonioso da música aquática.

A pessoa de temperamento Fogo, ao contato com música de Ar, elemento complementar de Fogo, estará sendo "afinada" por complementaridade, isto é, estará recebendo as qualidades que lhe faltam, equilibrando assim o temperamento.

A pessoa de temperamento Fogo, ao contato com música de Terra ou Água, terá as suas porções constituídas por estes elementos "afinadas" pelo padrão vibratório da música, reforçando as qualidades associadas a estes elementos. Se tiver, por exemplo, na composição de seu temperamento, deficiência de um destes elementos, poderá resgatá-lo pelo contato com a música terrosa ou aquática.

Estudando a correlação entre os diversos elementos, sua complementação e afinidade, poderemos definir diversas aplicações da audição musical para estimular, equilibrar ou distensionar cada tipo de pessoa, conforme seu temperamento.

Estamos assim em condição de utilizar a arte musical para o desenvolvimento vital/emocional do ser humano, recuperando algo da função inicial com a qual toda a Arte foi concebida, a elevação da qualidade humana *nas* pessoas — e não apenas a melhoria de qualidade da cultura geral e a melhoria das próprias obras de arte (isto é, a Arte não apenas como aprimoramento da sensibilidade mental e estética, ou um produto para deleite social, uma espécie de luxúria da mente, redução a que se viram forçadas as Musas nos últimos tempos).

O Equilíbrio do Temperamento Através da Música

Aprendendo a Reconhecer o Temperamento

Segundo a Astrologia, cada pessoa nasce com um temperamento próprio, isto é, com uma conformação física e psíquica, retratada em símbolos celestes na carta astrológica.

No entanto, além do temperamento, muitos outros fatores interferem na formação da personalidade. A personalidade de uma pessoa não é feita só de seu temperamento. Na maior parte, inclusive, é formada por fatores externos, como os padrões de comportamento familiar, o ambiente social, o espírito de época, o pensamento cultural vigente, as experiências no período de formação e os padrões genéticos.

O temperamento ingressa como um dos muitos ingredientes na formação da personalidade. Dentre esses ingredientes, talvez o temperamento seja aquele socialmente menos aceito, menos compreendido pela mentalidade atual e, portanto, o que recebe menor ênfase no processo formatório da personalidade.

Por ser individualmente essencial e sociologicamente "nada essencial", não há apoio do mundo exterior para o temperamento se desenvolver adequadamente, sendo desvalorizado diante dos demais ingredientes formatórios, que recebem forte apoio por meio das pressões sociais.

Quantos não conhecem a experiência, corriqueira, de ter de ceder em sua natureza em nome de um ajustamento qualquer, na procura de uma solução para o trabalho, de um entrosamento social, de uma aceitação afetiva?

Não obstante, aquilo que nos dá vida, a vitalidade que nos faz estarmos vivos, se faz presente em nós pelo nosso temperamento.

O sopro de vida surge em nós através daquilo de que somos constituídos mais essencialmente, isto é, o temperamento. E, a partir dele, decorrem as manifestações perante o mundo e o recebimento das impressões e experiências que, pelo efeito de pressões exteriores, ganharão o caráter de elementos constitutivos mais fortes.

Quanto mais expressão do temperamento mais vitalidade haverá presente em nós. A melhor qualidade de adaptação não define a maior presença de vitalidade. A adaptação ao meio poderá definir a forma de relação da vitalidade individual com o ambiente, mas não a força dessa vitalidade.

Portanto, o temperamento é um ingrediente fundamental para a formação da boa personalidade. Ingrediente vital. Sem ele, os demais (educação, ambientação, valores sociais etc.) não vivem.

Isso não significa que soltar o temperamento de qualquer jeito seja bom. A distorção do temperamento, por inibição ou excesso, bloqueia a passagem de vitalidade. Sejam distorções que o ambiente force reprimindo o temperamento ou os exageros temperamentais onde o excesso de temperamento congestiona a vitalidade, nos dois casos ocorre a paralisia do fluxo vital.

É necessária uma "afinação" adequada para a boa manifestação do temperamento. É dessa afinação do temperamento, em particular quanto à mobilização do conjunto físico/emocional, de que estamos tratando na abordagem da audição musical.

A vida se manifesta através de quatro "matérias-primas", os elementos Fogo, Ar, Água e Terra. A cada uma destas "matérias-primas" corresponde um aspecto humano.

O elemento **Fogo** está associado à vontade, à emotividade, ao idealismo, à moral, à vitalidade e ao espírito (nível moral/espiritual).

O elemento **Ar** está ligado ao intelecto, aos conceitos, às idéias, à comunicação e às relações sociais e humanas (nível mental).

O elemento **Água** está ligado à sensibilidade emocional, à fantasia imaginativa, ao romantismo, à receptividade e à impressionabilidade (nível emocional).

O elemento **Terra** está associado à matéria, ao mundo físico, ao fazer prático e à lida com a realidade concreta (nível físico/corporal).

Os elementos **Fogo** e **Ar** são considerados complementares, pois se completam na função de projeção dos ideais e da percepção abstrata.

Os elementos **Terra** e **Água** são considerados complementares, completando-se na função de atuação e moldagem à realidade concreta.

Toda pessoa é constituída pelos quatro elementos. Mas, em cada uma, há estímulos para que manifeste mais acentuadamente uns elementos do que outros.

A experiência mostra que não podemos alterar nosso temperamento básico. Ele é como uma matriz impressa ao nascimento que perdura a vida toda. No entanto, podemos administrar a manifestação do temperamento, mudando não a composição do temperamento, mas a qualidade de sua expressão para com o mundo, mudando, conseqüentemente, a qualidade da vitalidade que flui através de nós e alterando a qualidade de nosso viver.

Estaremos recorrendo aqui às qualidades de harmonia e proporção existentes na arte musical para a "afinação" do temperamento, propiciando uma melhor qualidade da vida e do comportamento humano.

O processo de "afinação" começa pela estimulação harmonizante dos quatro elementos que nos constituem. A vida se manifesta por meio de todos os quatro elementos e se acontece de um dos elementos predominar no nosso temperamento, mesmo assim não deveríamos deixar de experimentar a vida em nenhum dos aspectos em que temos vitalidade disponível.

A manifestação mais plena da vitalidade é aquela que se faz através de todos os canais disponíveis, isto é, através dos quatro elementos, pouco importando qual é mais saliente. Portanto, precisamos antes de tudo estimular os quatro elementos em nosso temperamento.

Para isso, cultivamos a audição de música de cada um dos quatro elementos, Fogo, Terra, Ar e Água, como medida de estimulação e harmonização geral para todos os aspectos do temperamento.

No CD que acompanha o livro, encontram-se músicas dos quatro elementos, podendo ser utilizadas, em seu conjunto, para estimular o temperamento de todas as pessoas, independentemente das particularidades de proporção que cada uma traga em sua constituição vital. A audição de todo o CD traz um efeito de estimulação geral e equilibrante para todos os tipos humanos.

O processo de “afinação” prossegue com a identificação do elemento que é mais ativo em nosso temperamento. Por meio deste elemento é que manifestaremos mais vitalidade. É com ele que lidaremos com a existência: com seus valores julgaremos, com seu modo de proceder agiremos, com seu modo de pensar visualizaremos a existência e com seu modo de sentir sentiremos as experiências que nos forem dadas viver.

A manifestação do elemento mais forte na nossa carta natal, sem distorções forçadas pelo ambiente e sem exageros temperamentais, faz fluir mais vitalidade, o que significa saúde física, disposição emocional serena e consistente, e lucidez mental (dentro das características que para nós sejam as de saúde e disposição emocional e mental).

Para o lado mais forte do temperamento, cultivamos dois padrões musicais: um que reforce e ative o elemento que em nós predomina, e outro que harmonize esse elemento. Por exemplo, se o elemento Fogo é o mais estimulado na carta natal, cultivamos a audição de músicas do elemento Fogo para ativá-lo e a audição de música do elemento Ar (elemento complementar a Fogo) para harmonizá-lo.

O processo de “afinação” se completa com a ativação dos lados não desenvolvidos no nosso temperamento, pelo cultivo da música que reforce o elemento que na nossa carta natal não recebe um estímulo natural. Por exemplo, se o elemento Água é o menos ativado na carta natal, cultivamos a audição de músicas do elemento Água.

Calculando o Temperamento

Os 12 signos são modulações da manifestação dos elementos. Cada signo pertence a um elemento.

Os signos pertencentes ao elemento Fogo são Áries (♈), Leão (♌) e Sagitário (♐).
Os signos de Terra são Touro (♉), Virgem (♍) e Capricórnio (♑).
Os signos de Ar são Gêmeos (♊), Libra (♎) e Aquário (♒).
Os signos de Água são Câncer (♋), Escorpião (♏) e Peixes (♓).

A primeira e mais simples forma de reconhecermos nosso temperamento é pelo **signo solar**, aquele signo que se define pela data de nascimento (dia e mês).

Por exemplo, alguém do signo de Gêmeos, por ter nascido entre 21 de maio e 20 de junho, tem como temperamento predominante, dentro do contexto aqui considerado, o elemento Ar (por ser Gêmeos um signo do elemento Ar).

O temperamento predominante será aquele do signo solar, isto é, relativo àquela região do céu pela qual o Sol era visto da Terra no instante de seu nascimento.

Você é de temperamento **Fogo**, se seu signo solar é **Áries**, **Leão** ou **Sagitário**.

Você é de temperamento **Terra**, se seu signo solar é **Touro**, **Virgem** ou **Capricórnio**.

Você é de temperamento **Ar**, se seu signo solar é **Gêmeos**, **Libra** ou **Aquário**.

Você é de temperamento **Água**, se seu signo solar é **Câncer**, **Escorpião** ou **Peixes**.

Esta informação já é suficiente para escolher o tipo de música mais indicada para você e adquirir um equilíbrio muito positivo em toda sua constituição psicoorgânica. Você poderá ouvir música de seu elemento predominante, conforme o signo solar, e também do elemento oposto como forma de complementação harmonizante.

O signo solar é aquele do qual emana toda a vitalidade que se irradia pelas demais partes da carta astrológica. Assim, a vitalidade física e psíquica se manifesta através das características do signo solar expressas no comportamento. Ao estimular e equilibrar o elemento do signo solar, o efeito de harmonização se dará no ponto central da personalidade.

Se você é de signo solar Fogo, equilibrar-se-á ao ouvir música de Fogo e música de Ar.

Se você é de signo solar Ar, equilibrar-se-á ouvindo música de Ar e de Fogo.

Se você é de signo solar Terra, equilibrar-se-á ao ouvir música de Terra e de Água.

E se você é de signo solar Água, equilibrar-se-á ouvindo música de Água e música de Terra.

Para seguirmos adiante em nosso estudo e reconhecermos o temperamento de forma mais completa, devemos considerar a carta astrológica inteira, com o signo ascendente e todos os demais planetas e signos que a compõem.

Isso exige que a pessoa tenha sua carta astrológica, que pode ser calculada por um computador (que tanto tem facilitado o acesso das pessoas à sua carta de nascimento e mesmo a outras informações básicas para o estudo astrológico). Algumas vezes acompanha o desenho da carta astrológica um quadro contendo os elementos predominantes e mesmo a definição do temperamento resultante. É aconselhável, no entanto, seguir o padrão aqui colocado, que posso assegurar como eficiente para delinear o temperamento, com o sentido dado aqui a este conceito.

Os planetas e o Ascendente são os fatores que estimulam os elementos na carta natal. Assim, um planeta colocado num determinado signo estimulará o elemento desse signo. A partir disso estipularemos uma contagem de pontos para avaliar o temperamento.

Por exemplo, um planeta colocado no signo de Áries estimulará o elemento Fogo, um colocado no signo de Touro estimulará o elemento Terra, e assim por diante.

Alguns fatores são mais fortes como estimuladores. O Ascendente (Asc), o Sol (☉), a Lua (☽) e Mercúrio (☿) são como que "duplamente" estimulantes, valendo então 2 pontos dentro da avaliação do temperamento.

Os outros fatores são menos fortes, valendo 1 ponto na contagem de avaliação do temperamento: Vênus (♀), Marte (♂), Júpiter (♃), Saturno (♄), Urano (♅), Netuno (♆) e Plutão (♇).

Ao fazermos a soma dos pontos desses fatores para uma determinada carta astrológica, considerando a posição desses planetas e do Ascendente dessa carta, obteremos um valor total para cada um dos elementos, que é o fator de estímulo dos elementos, definindo a composição do temperamento, com todas as suas proporções entre os quatro elementos.

Por exemplo, alguém cuja carta astrológica contenha as seguintes posições planetárias: Mercúrio em Libra, Sol em Libra, Lua em Virgem, Ascendente em Aquário, Vênus em Escorpião, Marte em Gêmeos, Júpiter em Escorpião, Saturno em Peixes, Urano em Virgem, Netuno em Escorpião e Plutão em Virgem.

Somaremos 2 pontos para o elemento Ar pelo fato de Mercúrio (vale 2) estar em Libra (signo de Ar), 2 pontos para Ar novamente pelo Sol (vale 2) em Libra, 2 pontos para Terra pela Lua (2) em Virgem, 2 pontos para Ar pelo Ascendente (2) em Aquário, 1 ponto para o elemento Água por Vênus (vale 1 ponto) estar em Escorpião (signo de Água), 1 ponto para Ar por Marte (1) em Gêmeos, 1 ponto para Água por Júpiter (1) em Escorpião, 1 ponto para Água por Saturno em Peixes, 1 ponto para Terra por Urano em Virgem, 1 ponto para Água por Netuno (1) em Escorpião e 1 ponto para Terra por Plutão em Virgem.

Temos um total de 7 pontos para o elemento Ar, 4 para Terra, 4 para Água e 0 (zero) para Fogo. O elemento predominante no temperamento é Ar. O elemento mais ausente é Fogo. Terra e Água estão presentes, sem se destacarem por maior predominância ou por ausência.

Este é o quadro das proporções dos elementos no temperamento dessa carta astrológica usada como exemplo. Ao calcular sua carta astrológica ou de alguém a quem queira conhecer o temperamento, você deve proceder da mesma maneira. Ao final da soma de pontos dos planetas e Ascendentes nos signos, encontrará um quadro de proporções dos elementos, onde cada um tem uma pontuação. O que tiver mais pontos será o elemento predominante, o que tiver menos pontos será o elemento ausente ou menos saliente, enquanto os elementos de pontuação intermediária serão aqueles presentes sem se destacarem no temperamento.

Ao definirmos o temperamento levando em conta todos os fatores da carta astrológica, algum elemento irá predominar (às vezes dois elementos predominam), outro elemento pode se mostrar pouco estimulado, outro ainda pode mostrar completa ausência de estímulo (o que não significa que a pessoa não tem tal elemento em sua constituição, mas que ele não está dinamizado).

A partir da configuração dos elementos predominantes na carta astrológica, podemos escolher as músicas adequadas para o equilíbrio do temperamento.

Como Escolher as Músicas

Em **primeiro lugar**, todas as pessoas, independentemente do temperamento ou do gosto particular que possam ter, deveriam colocar-se em contato com música dos quatro temperamentos.

Os efeitos do contato de nosso corpo físico e das emoções com as vibrações sonoras temperadas pelos quatro elementos são tão necessários e equilibrantes, que esta é a primeira regra a ser seguida para o equilíbrio do temperamento através da música.

De tempos em tempos, todos os constituintes do temperamento humano necessitam de um fator de revitalização. A música pode muito bem servir a esse propósito, se é que não foi por isso que foi criada e inserida em todas as culturas.

Em **segundo lugar**, escolhemos imergir em músicas do mesmo elemento do signo solar. A imersão num ambiente sonoro de mesma natureza que nosso signo solar traz uma vitalização física e psíquica, um aumento de ânimo e disposição, maior confiança e um reforço positivo à auto-estima.

Em seqüência deveremos escolher músicas do elemento complementar ao do signo solar (elementos complementares: Fogo e Ar; Terra e Água). Se você ouviu música de Terra para seu signo solar, digamos Virgem, deverá agora escolher música do elemento Água. A imersão dentro de um ambiente sonoro complementar àquele que nos é natural traz um efeito de distribuição geral das forças vitais, um maior relaxamento e aumento de harmonia nas atitudes e disposições.

É comum sentirmos uma afinidade de gosto com as músicas de mesmo elemento de nosso signo solar e pouca compatibilidade de gosto com as músicas do elemento complementar. A prática tem demonstrado que os humores perante a música, criados por afinidades naturais, importam menos do que os critérios de temperamento aqui colocados, na escolha da música acertada para determinado efeito.

Claro que é melhor, sempre que se possa, escolher aquela mais agradável, dentro da natureza adequada da música. Mas nem sempre a afinidade natural deve ditar nossas escolhas, principalmente quando se trata de um efeito equilibrante.

Em **terceiro lugar**, podemos utilizar este método conhecendo o elemento predominante no temperamento da carta astrológica (e não apenas pelo signo solar). Vimos no capítulo anterior como se calcula o temperamento, bastando para isso ter a carta calculada para o local e momento do nascimento.

A partir do quadro de proporções do temperamento da carta astrológica, agiremos da mesma maneira que com relação ao signo solar, escolhendo músicas do elemento predominante para em seguida escolher músicas do elemento complementar. Os efeitos, respectivamente, de vitalização e equilíbrio, serão semelhantes.

A carta astrológica utilizada como exemplo no capítulo anterior aponta predominância do elemento Ar (7 pontos), ausência de elemento Fogo (0 ponto) e a presença dos elementos Terra (4 pontos) e Água (4 pontos). Neste caso, a música recomendada seria a do elemento Ar para efeito de vitalização e a música de elemento Fogo para efeito equilibrante e relaxante.

Em **quarto lugar**, poderemos escolher músicas que pertençam, pela natureza de seu compositor, ao elemento que em nossa carta astrológica esteja menos presente ou menos dinamizado (com menor número de pontos na contagem explicada anteriormente).

A imersão nesse ambiente sonoro recupera um lado do nosso temperamento que normalmente está adormecido, inibido ou pouco enfatizado na personalidade, muitas vezes fazendo falta para uma experiência de vida completa e equilibrada.

Esse lado do temperamento é assim reforçado. Passamos a reconhecer e aceitar melhor suas características, reincorporando-o em nossas percepções e no conjunto da personalidade.

Continuando o exemplo da carta acima, o elemento Fogo (0 ponto) é o menos dinamizado no temperamento, e portanto a audição de música de temperamento Fogo estimula a dinâmica que falta a esse temperamento.

Neste caso específico, a música do elemento Fogo tem uma dupla atuação sobre o temperamento, relaxando a disposição geral dessa pessoa e ao mesmo tempo dinamizando um aspecto específico de sua natureza. Num trabalho mais profundo sobre a psique humana, a combinação das diversas faces do temperamento é fundamental para que a escolha musical seja bem proporcionada em relação ao seu conjunto. Mas para um trabalho inicial e acessível, como o aqui proposto, é perfeitamente desnecessário combinar as diversas faces, pois se alcançam efeitos brilhantes muito antes mesmo que se precise considerar tais complexidades do temperamento.

Como acontece com as músicas do elemento complementar ao signo solar ou ao temperamento predominante, também aqui, no elemento de menos ênfase no temperamento, podemos sentir pouca afinidade natural com o caráter da música.

A imersão nesse ambiente sonoro, mesmo sendo de pouca afinidade à primeira vista, recupera um lado do nosso temperamento que normalmente está adormecido, inibido ou pouco enfatizado na personalidade, muitas vezes fazendo falta para uma experiência de vida completa e equilibrada. Este lado do temperamento é assim reforçado. Passamos a reconhecer e a aceitar melhor suas características, reincorporando-o em nossas percepções e no conjunto da personalidade.

Com discernimento e por meio de aproximações progressivas e suaves, deve ser buscada a superação da desafinidade, neste caso e nos anteriores, seja pela aceitação do contato com a música que não é afim conosco (ou assim parece ser), pela posterior compreensão do seu sentido (pois só podemos assimilar ou compreender aquilo com que nos pomos em contato) e até pelo posterior entusiasmo com relação a este caráter musical, que possa surgir em virtude de percebermos ter afinidade com este teor de temperamento, apenas que era uma afinidade não desenvolvida.

Quanto à **freqüência** para este trabalho de audição musical com vistas ao equilíbrio do temperamento:

— a audição musical duas vezes por semana é suficiente para efeitos gerais de equilíbrio, para a recuperação do bem-estar emocional e de uma disposição positiva;

— para um efeito ao mesmo tempo mais profundo e abrangente, capaz de nos tirar de certos estados emocionais viciosos, pelos quais podemos estar passando, recomenda-se a audição musical diária.

Quanto à **duração** da audição musical, em cada sessão, o ideal seria um período de cerca de 30 minutos a 1 hora. Um tempo que não ultrapasse o de um programa musical, como os que se encontram num concerto ou numa audição.

No caso de o ouvinte não apenas ouvir a música, mas se posicionar diante dela segundo as recomendações sobre a atitude de "como ouvir" para o aproveitamento integral da vibração musical, então é recomendável um tempo menor de imersão no meio musical.

Um tempo de 20 a 40 minutos será mais do que suficiente para a restauração do equilíbrio físico e psíquico. Muito aqui dependerá da capacidade de manter a atenção com foco na audição musical, segundo a técnica que será adiante ensinada.

Quanto mais pura a atenção, sem os ruídos das imagens e pensamentos espontâneos e divagadores, maior será o efeito num tempo mais curto do exercício. Em todo caso, menos do que 20 minutos de audição musical produz efeitos incompletos ou pouco eficazes.

Como Utilizar as Músicas do CD

O *Compact Disc* que acompanha este livro tem uma seleção de músicas para cada um dos elementos e dos temperamentos, que além de serem exemplos da natureza fogosa, aérea, terrosa e aquática, ilustrando os sentimentos e o estado de ânimo de cada uma dessas naturezas, pode ser utilizado para o trabalho de vitalização, relaxamento e equilíbrio do temperamento.

Constam do CD três músicas para cada um dos temperamentos, abrangendo compositores e períodos musicais diferentes, dando assim uma visão da expressão dos temperamentos em diferentes épocas e por compositores de raízes e formação diversas.

Para as pessoas de **temperamento Fogo**, as faixas 1, 2 e 3 do CD (com músicas de temperamento vivamente fogoso) terão um efeito estimulante e vitalizante. As faixas 4, 5 e 6 (com músicas de temperamento Ar) terão um efeito de relaxamento.

Para as pessoas de **temperamento Ar**, as faixas 4, 5 e 6 do CD (com músicas de temperamento aéreo) terão um efeito estimulante e vitalizante. As faixas 1, 2 e 3 (com músicas de temperamento Fogo) terão um efeito de relaxamento.

Para as pessoas de **temperamento Terra**, as faixas 7, 8 e 9 do CD (com músicas de temperamento terroso) terão um efeito estimulante e vitalizante. As faixas 10, 11 e 12 (com músicas de temperamento Água) terão um efeito de relaxamento.

Para as pessoas de **temperamento Água**, as faixas 10, 11 e 12 do CD (com músicas de temperamento aquático) terão um efeito estimulante e vitalizante. As faixas 7, 8 e 9 (com músicas de temperamento Terra) terão um efeito de relaxamento.

O temperamento considerado apenas pelo signo solar ou considerado pelo conjunto da carta astrológica receberá o mesmo efeito de vitalização e relaxamento.

Assim, se você tem por signo solar **Áries**, **Leão** ou **Sagitário**, as faixas 1, 2 e 3 do CD (com músicas de Bach, Beethoven e Debussy) terão um efeito estimulante e vitalizante. As faixas 4, 5 e 6 (com músicas de Mozart, Schubert e Liszt) terão para você um efeito de relaxamento.

Se você tem por signo solar **Gêmeos**, **Libra** ou **Aquário**, as faixas 4, 5 e 6 (com músicas de Mozart, Schubert e Liszt) terão um efeito estimulante e vitalizante. As faixas 1, 2 e 3 do CD (com músicas de Bach, Beethoven e Debussy) terão um efeito de relaxamento.

Se você tem por signo solar **Touro**, **Virgem** ou **Capricórnio**, as faixas 7, 8 e 9 do CD (com músicas de Dvorak, Brahms e Satie) terão um efeito estimulante e vitalizante. As faixas 10, 11 e 12 (com músicas de Scarlatti, Chopin e Ravel) terão um efeito de relaxamento.

Se você tem por signo solar **Câncer**, **Escorpião** ou **Peixes**, as faixas 10, 11 e 12 (com músicas de Scarlatti, Chopin e Ravel) terão um efeito estimulante e vitalizante. As faixas 7, 8 e 9 do

CD (com músicas de Dvorak, Brahms e Satie) terão um efeito de relaxamento.

As músicas de um temperamento podem ser ouvidas em seguida. Para assimilar o temperamento da música fogosa, por exemplo, deve-se ouvir na seqüência as músicas de Bach (faixa 1), Beethoven (2) e Debussy (3), num tempo total próximo de 20 minutos de audição musical.

O mesmo vale para as músicas dos demais temperamentos, cada um deles resultando num tempo total entre 15 e 20 minutos, o tempo máximo recomendável para o exercício de audição musical concentrada, explicado em capítulo posterior.

Uma outra maneira de utilizar o CD é escolher apenas uma das faixas de um dado temperamento para a audição, e em seguida ouvir a música do elemento complementar. Dentro desta visão, alguns pares de música são especialmente recomendáveis, dentro deste CD, obtendo-se de cada par um efeito particular.

Para o estímulo vitalizante das pessoas de **temperamento Fogo**, a faixa 1 (Bach) é a mais recomendada, utilizando-se em seguida a faixa 4 (Mozart) para um efeito relaxante. No conjunto, a audição das faixas 1 e 4, nesta seqüência, terá um efeito equilibrante para os fogosos.

Para a **ausência do elemento Fogo** no temperamento, a audição da faixa 1 (Bach) ou da faixa 2 (Beethoven) são igualmente recomendáveis, pelo efeito de aumento da autoconfiança, da disposição vital e da alegria de viver.

Para os momentos em que se necessita de renovação do ânimo e do otimismo, as mesmas faixas 1 e 2 são recomendadas. A faixa 3 (Debussy) tem o efeito de aumentar a disposição afetuosa e o calor humano.

Para o estímulo vitalizante das pessoas de **temperamento Ar**, a faixa 4 (Mozart) é a mais recomendada, utilizando-se em seguida a faixa 1 (Bach) para um efeito relaxante. No conjunto, a audição das faixas 4 e 1, nesta seqüência, terá um efeito equilibrante para os aéreos.

Para a **ausência do elemento Ar** no temperamento, a audição da faixa 5 (Schubert) ou da faixa 6 (Liszt) são igualmente recomendáveis, estimulando a clareza de pensamentos, a melhor articulação das percepções e a disposição ao convívio humano.

Para os momentos em que se necessita de maior serenidade interior e sentido de integração com as demais pessoas, é indicada a faixa 4 (Mozart). A faixa 5 (Schubert) é recomendada para o estímulo à compreensão abrangente e um distanciamento dos sentimentos pessoais. A faixa 6 (Liszt) é altamente estimulante à mente, à agilidade dos pensamentos e à leveza dos sentimentos.

Para o estímulo vitalizante das pessoas de **temperamento Terra**, a faixa 8 (Brahms) é recomendada, utilizando-se em seguida a faixa 10 (Scarlatti) ou a faixa 12 (Ravel) para um efeito relaxante. No conjunto, a audição das faixas 8 e 10 (ou 12), nesta seqüência, terá um efeito equilibrante para os terrosos.

Para a **ausência do elemento Terra** no temperamento, a audição da faixa 7 (Dvorak) é particularmente recomendável, trazendo a pessoa a um maior contato com seu próprio corpo e com as demais condições físicas à sua volta.

Para dar um contorno mais simples e objetivo ao estado interno, a faixa 8 (Brahms) é a mais recomendada, assim como para dar sentido prático às ações. A faixa 9 (Satie), além de também favorecer os sentimentos mais simples e frugais, acalma os ânimos por nos colocar em contato com a realidade física mais imediata.

Para o estímulo vitalizante das pessoas de **temperamento Água**, a faixa 10 (Scarlatti) é recomendada, utilizando-se em seguida a faixa 8 (Brahms) para um efeito relaxante. No conjunto, a audição das faixas 10 e 8, nesta seqüência, terá um efeito equilibrante para os aquáticos. Um outro par de efeito positivo, neste caso, é formado pelas faixas 12 (Ravel) para estímulo e em seguida a faixa 7 (Dvorak) para relaxamento, com efeito final equilibrante.

Para a **ausência do elemento Água** no temperamento, a audição da faixa 12 (Ravel) é a mais recomendada, pelo incentivo à imaginação e ao romantismo.

Quando os devaneios e a emocionalidade precisam ser estimulados, é indicada a faixa 11 (Chopin), dentre as diversas possíveis deste CD. Para os momentos em que se necessita de ampliação da sensibilidade ou de um bálsamo para as dores humanas, a faixa 10 (Scarlatti) é particularmente recomendável.

O Temperamento da Música e seus Efeitos

Além do efeito da audição musical causado pela relação do temperamento do ouvinte com o temperamento da música que, ressaltamos aqui, é o efeito principal a ser considerado, há também um efeito típico de cada um dos quatro temperamentos musicais.

O temperamento que predomina numa música, associado a um dos quatro elementos, conforme o temperamento do seu compositor, fará com que esta música tenha efeitos gerais, inerentes a ela, independendo de quem quer que a escute.

A música do temperamento **Fogo** (no CD, as faixas 1, 2 e 3) estimula a vitalização, aumenta a força interior e o sentido de individualidade, coragem para o embate da existência, aumenta o entusiasmo e a alegria e melhora a circulação sangüínea e o funcionamento cardíaco, assim como todos os principais ritmos corpóreos.

A música do temperamento **Ar** (faixas 4, 5 e 6) estimula e clareia as associações mentais, concede leveza e relaxamento de atitude, desenvolve o sentido de liberdade e de compreensão ampla das situações, fortalece o sistema nervoso, eleva a psique e estimula as relações humanas.

A música do temperamento **Terra** (faixas 7, 8 e 9) estimula a produtividade e a organização, ajuda a colocar os pés no chão, simplifica a vida interior, estimula a criação de formas concretas e melhora o funcionamento digestivo.

A música do temperamento **Água** (faixas 10, 11 e 12) fortalece os sentimentos, estimula o sentido dramático e a emotividade, incita a sensibilidade e a imaginação fantasiosa, cria envolvimento com camadas profundas da psique, além de melhorar a circulação dos fluidos no organismo físico; algumas músicas em particular estimulam o sentido de esperança e de redenção.

Estes efeitos gerais devem ser acrescidos aos efeitos de vitalização e equilíbrio que a música tem para cada temperamento pessoal em particular.

Assim, uma pessoa de temperamento **Fogo**, ao fortalecer sua natureza pela música fogosa, estará estimulando sua coragem, força interior, entusiasmo e alegria. Ao se equilibrar pela música aérea, estará estimulando o sentido de liberdade e compreensão, o relaxamento e a leveza de atitudes e uma maior flexibilidade nas relações humanas.

A pessoa de temperamento **Ar**, ao fortalecer sua natureza pela música aérea, estará estimulando sua mente, o sentido de liberdade e a disposição ao relacionamento humano. Ao se equilibrar pela música fogosa, estará recebendo maior coragem, entusiasmo, força interior e motivação para a ação.

A pessoa de temperamento **Terra**, ao fortalecer sua natureza pela música terrosa, estará estimulando seu potencial para a atuação prática, o sentido de realidade concreta e a simplicidade. Ao se equilibrar pela música aquática, estará estimulando os sentimentos, a imaginação, a sensibilidade emocional e a capacidade de sonhar.

A pessoa de temperamento **Água**, ao fortalecer sua natureza pela música aquática, estará estimulando seu caráter sonhador, imaginativo, romântico e renovando suas esperanças. Ao se equilibrar pela música terrosa, estimulará o sentido prático, a capacidade de lidar com as formas materiais, assim como facilitará sua adaptação à realidade concreta e imediata.

Para o Bom Aproveitamento da Audição Musical

Para o bom aproveitamento da audição musical é necessário "ouvir com o corpo todo" a música para que ela atue realmente sobre o padrão vibratório.

A técnica de "ouvir com o corpo todo" será exposta neste capítulo. Ela nada tem a ver com trabalhos de percepção musical e muito menos com análise musical. É um trabalho de abertura da sensibilidade à música.

A vibração sonora, enquanto fato físico do ambiente onde se executa a música, deverá "invadir" nosso corpo físico no momento da audição. Não se trata de uma "audição" com os ouvidos, realmente o órgão mais sensível à gama vibratória dos sons musicais. Trata-se do contato físico do corpo e da psique com a vibração sonora.

Nesse modo de audição, a harmonia vibratória presente na música irá afetar profunda e harmoniosamente nosso estado orgânico e psicológico, alterando-o de acordo com as variações de temperamento indicadas anteriormente.

Para o bom aproveitamento da "audição" musical, a primeira providência é nos aquietarmos, deixando de interferir com nossos "ruídos" na vibração musical.

Se, enquanto estivermos ouvindo música, nos movemos, pensamos e sentimos, a recepção da vibração sonora será perturbada. As associações de pensamento ou de sentimento, estando ou não ligadas à música ouvida, por criarem uma "vibração" vinda da pessoa, interferem na recepção da vibração sonora.

Os nossos "ruídos pessoais" precisam ser acalmados para podermos assimilar o conteúdo vibratório/emocional da música. Assim, a audição musical terá um efeito profundo em todos os aspectos da pessoa.

"Acalmar os ruídos" significa aquietar e relaxar o corpo para que ele receba o impacto da vibração sonora. Cada músculo deverá estar relaxado para vibrar junto com as ondas sonoras do ambiente.

Significa aquietar os pensamentos, deixando a mente como um campo aberto, um silêncio receptivo e atento, onde os sons serão recebidos, sem incentivar as associações intelectuais que a música possa excitar.

Significa acalmar as emoções, de modo que elas sejam envolvidas pelo "clima" da música, até que os sentimentos perceptivelmente presentes em nós sejam tão-somente os da música. Não deve haver qualquer julgamento crítico/racional da música, pois este bloquearia a disponibilização da emocionalidade.

Dois avisos importantes: **Primeiro**, para ouvir música com tal atitude receptiva é necessário ter cuidado na escolha da música. Há músicas realmente nocivas, que fariam um grande estrago se ouvidas dessa forma. As indicações colocadas ao longo deste trabalho e as peças musicais do CD que acompanha este livro deverão fornecer balizas razoavelmente seguras para uma escolha musical de orientação harmonizante.

Segundo, é preciso que outros sons, principalmente os estridentes, irritantes ou de alerta (campainhas, gritos etc.), não possam perturbar a audição musical. Há que se estar num ambiente protegido de tais interferências, que causariam um tensionamento brusco, prejudicial ao organismo.

Para preparar o organismo para que este se torne um "receptor" equilibrado, dependemos, principalmente, de duas funções: a respiração e o sistema nervoso, que devem ser vitalizados e harmonizados antes de cada audição musical, por meio da prática de quatro posturas físicas bastante simples, antes do exercício com música:

A primeira, a segunda e a terceira posturas devem ser feitas para ambos os lados, flexionando e torcendo a coluna para a direita e para a esquerda. Estas posições, que fazem parte do Hatha-Yoga, movimentam a coluna vertebral aliviando tensões e aumentando a circulação de energia ao longo da coluna. Para isso, você deve permanecer imóvel em cada uma destas posturas corporais, por algumas poucas respirações calmas e profundas, alongando os músculos, ampliando a respiração e equilibrando o sistema nervoso.

Depois dessa preparação, coloque-se na posição em que irá receber a música.

A audição musical pode ser feita em várias posições corporais: deitado com as costas sobre o solo e os braços ao lado do tronco; deitado com as costas sobre o solo com os braços abertos para cima e as pernas deitadas cruzadas; sentado confortavelmente numa cadeira ou poltrona com a coluna relaxada mas não curvada em excesso; e outras posições em que o corpo possa estar relaxado.

Em qualquer posição que venha a ser usada, a respiração tem de estar livre, a região do diafragma aberta e a coluna vertebral relaxada.

Estando numa posição confortável, mantenha os músculos em estado de relaxamento, principalmente os do rosto, dos ombros e do abdômen. A imobilidade deve ser mantida desde que não cause desconforto, pois favorece o relaxamento e permite à atenção manter-se presente na música.

Espere alguns instantes até os pensamentos mais superficiais se acalmarem e os humores emocionais se estabilizarem. A imobilidade e o relaxamento corpóreo induzirão a calma ao estado interno.

O primeiro passo é, então, sentir a música com o corpo, percebendo as vibrações sonoras penetrarem os músculos, órgãos, nervos, sangue e ossos. Sentimos o corpo ressoar a música, como a película de uma caixa de som. O nosso corpo é a música nesse momento.

Para que isso aconteça, a atenção deve estar presente na relação entre a vibração musical e o nosso corpo. A atenção não deve se distrair com pensamentos. O corpo precisa acompanhar a música durante o exercício, e *é a mente que forma essa ponte, permanecendo atenta à recepção da música pelo corpo.*

O nosso estado emocional será tocado pela música somente quando o corpo estiver embebido por completo por ela. Através do corpo vivenciaremos uma série de estados vibracionais que começarão a influir sobre o estado de nossas emoções.

Um relaxamento corpóreo razoavelmente profundo e uma atenção silenciosa da mente são fundamentais para se estar neste estado, que é completamente receptivo, no qual haverá uma verdadeira harmonização emocional.

Leve, então, a atenção para o fluxo respiratório, percebendo distintamente o impacto vibracional das ondas sonoras sobre o corpo e o ritmo respiratório, como sendo os ritmos vibratórios mais fortes que o ocupam. Os efeitos da audição musical serão ainda mais intensificados, causando uma alteração global no estado interno.

Após terminada a imersão musical, permaneça algum tempo quieto e volte aos poucos a aprofundar a respiração para em seguida mover novamente o corpo, despertando e então abrindo os olhos.

Perceba o estado interno resultante ao final da prática, de modo a reiniciar suas atividades considerando o novo estado vibratório, para que este se conserve nos momentos seguintes, sendo então absorvido por completo.

É importante reafirmar: não se trata de envolvimento emocional com a música, sentir saudades, alegria ou qualquer outra excitação. Você deverá estar atento à música e não às suas reações internas à música. Afinal, ouvimos a nós mesmos durante a vida inteira, estamos permanentemente envolvidos com nossa interioridade, e este exercício propõe justamente o oposto: que coloquemos a atenção em algo fora de nós (a música) e como esta é recebida por nosso corpo.

O exercício faculta a criação de um novo estado emocional, em nosso interior, pela sensorialização da vibração musical. Portanto o exercício nunca deve ser feito com as associações habituais a uma música ("esta música me entristece", "esta outra me deixa feliz", "esta me lembra..." etc.), pois o exercício não atua no nível da memória dos humores emocionais nem no nível das reações agradáveis ou de desagrado.

As músicas que evoquem diretamente certos fatos ou emoções do passado deverão ser evitadas na prática deste exercício. Nestas músicas, a memória tende a se impor com tamanha força, que ficaríamos envolvidos com as lembranças subjetivas em torno da música, e não com a própria música.

O corpo físico funcionará durante o exercício como uma caixa acústica, como um "corpo ressoador" criando impressões para o nosso estado interior.

A boa qualidade do estado corpóreo, do aparelho de som, da música e da interpretação musical favorece a criação de impressões positivas que modificarão, no sentido da harmonia vibratória, o estado de nossa interioridade.

Os Compositores

O Temperamento dos Compositores

As listas de compositores colocadas a seguir têm por finalidade orientar os leitores-ouvintes na escolha dos compositores para os exercícios de audição musical visando o equilíbrio do temperamento.

As listas se atêm aos compositores dentro do âmbito da música erudita ocidental, contendo compositores de diversos períodos de evolução da nossa música (Barroco, Clássico, Romântico, Moderno e Contemporâneo). A relação é ampla, tendo por objetivo facilitar a escolha, inclusive pela maior oportunidade de se encontrar compositores que se afinam com o gosto de cada pessoa.

Estão indicados aqueles compositores que têm maior concentração de um determinado elemento em seu temperamento e, quando houver predominância de dois elementos, esse compositor terá seu nome assinalado e colocado também numa lista à parte, especificando o aporte do segundo elemento. Além disso, será indicado o período musical a que cada compositor pertence.

O critério utilizado para definir o temperamento dos compositores é o mesmo exposto no capítulo "Calculando o Temperamento". Foi considerada a posição dos planetas nos signos e elementos, com base na data de nascimento do compositor, e dada uma ênfase especial ao signo solar. Pela dificuldade de se precisar, em muitos casos, o horário de nascimento, o signo ascendente foi considerado apenas para alguns compositores.

Pelo temperamento do compositor, a partir da carta astrológica do momento de seu nascimento, está, neste trabalho, definido o temperamento da música criada por ele. Quando o compositor tem um segundo elemento importante em sua carta astrológica, a ponto de este se mesclar ao temperamento principal, isso é indicado em separado, inclusive com os efeitos particulares dessa música que reúne características de dois elementos.

O critério de delineamento do caráter dos compositores e suas obras, utilizado neste trabalho, se atém ao astrológico; não considera os fatores normalmente empregados para compreender a posição deste ou daquele compositor dentro do universo musical, como as condições sociais ou culturais em que estava inserido, o período de evolução musical em que foi composta a obra, fatores da história pessoal do compositor, as formas ou modos musicais que utilizou ou as circunstâncias particulares em que esta ou aquela música veio à luz.

Pretendo com isso um critério sobre o, digamos assim, "princípio vital" presente na música e não sobre a forma sob a qual esse princípio vital se apresenta. Não há nenhuma pretensão, neste trabalho, de qualquer avaliação da forma musical, da boa ou má utilização dos recursos musicais, da compreensão e colaboração deste ou daquele compositor para a evolução da linguagem musical, e muito menos o cenário histórico e sociológico que ambientou o surgimento das obras musicais.

O interesse deste trabalho está no "princípio vital" contido em cada obra musical. Naquele aspecto mais íntimo da natureza vital de cada compositor, isto é, do temperamento do compositor como fator vivificador de sua obra, presente nela como que "por entre" a forma musical, e que a anima em seu caráter humano.

Assim como uma planta, digamos, uma roseira em que a flor rosa contém o "princípio vital" da rosa, que recende no aroma de rosa que sentimos ao nos aproximar da planta, podendo ser extraído e com ele feito perfume, a obra musical contém um princípio vital, de acordo com o temperamento do compositor, que também pode ser alcançado ao nos colocarmos em contato com a vibração sonora da música.

A rosa pode ser plantada em condições muito diversas, como regiões altas ou planas, épocas de maior seca ou chuva, solo deste ou daquele tipo, condições de rega, poda e colheita etc., numa variedade muito grande de condições. Em todas elas, a rosa permanecerá rosa, isto é, seu princípio vital sofrerá alterações devido aos fatores exteriores, mas preservará a natureza essencial.

Há rosas com aromas mais doces, outras mais suaves ou agrestes, outras ainda cuja qualidade aromática não é tão representativa da natureza essencial das rosas, e assim por diante. Mas são todas "rosa".

Assim também compositores de temperamento Ar, por exemplo, mesmo em condições tão diferentes quanto um sendo aristocrata em Veneza no século XVII e compondo música conforme a mentalidade e o estilo desse momento, e o outro pertencendo a uma família de pequenos comerciantes vienenses no século XX compondo música conforme as idéias e técnicas vigentes em seu ambiente, ambos terão um "princípio vital" em comum, o do elemento Ar.

A forma musical e mesmo o que cada um pretendia ou imaginava alcançar com sua música será completamente diferente. O resultado sonoro também diferirá grandemente. Isso interfere no efeito da música sobre a interioridade humana, como as condições no plantio da rosa interferem na qualidade da expressão de seu princípio vital.

Mas, preservados certos limites, onde a distorção das condições exteriores não atinja graus além do suportável pela natureza essencial da rosa ou do temperamento do músico, casos que realmente existem, temos na música dos compositores de temperamento Ar sempre um mesmo princípio vital, nos de temperamento Fogo um mesmo princípio vital, e assim por diante, que será o princípio a ser absorvido pelo ouvinte, reequalizando o seu próprio padrão vital.

Este é um efeito que ocorre quando se ouve música; mas, quando não nos utilizamos dele voluntariamente, ocorre de modo desorganizado, promovendo efeitos aos quais não estamos atentos nem damos uma direção, e que, portanto, não podem nos beneficiar, a não ser fortuitamente.

A proposta deste trabalho é mostrar como usar a música para o equilíbrio, acentuando e especificando algo que acontece naturalmente e que está ao nosso alcance organizar e usufruir mais e melhor. Basta para isso um padrão, como o padrão astrológico que estou propondo, o único que, por experiência, posso dizer ser confiável para a ordenação da subjetividade humana (e musical).

Talvez algumas pessoas considerem esta visão da criação artística e da organização dos pensamentos um tanto antiquada, de um tempo em que a moderna mentalidade materialista ainda não havia firmado seus pontos de vista.

Este trabalho se ocupa do aspecto humano da música, e sua utilização prática no bem-estar e no amadurecimento psicológico das pessoas, o que pode ser alcançado pelo método aqui exposto.

Quanto às classificações puramente técnicas com que o conhecimento moderno aborda os fatos em geral, inclusive o ser humano e a música, quesitos que aqui nos interessam, elas deixam de fora o aspecto humano.

A tentativa de "objetividade" do conhecimento moderno tem como princípio o descarte da interioridade humana na abordagem a respeito do que quer que seja (inclusive o ser humano). Se tem lá seu lado meritório, esta abordagem encontra um limite quando se trata da realização do aspecto interior do ser humano, sua "subjetividade".

O que está proposto aqui enquanto critério de classificação é um "critério subjetivo", no sentido de desconsiderar os aspectos formais da obra musical e considerar o temperamento do compositor (e do ouvinte), isto é, o lado subjetivo de cada um dos pólos que estará se colocando em relação (musical).

Apesar de subjetivo, não se trata de algo como se considera normalmente o conceito de "subjetivo", isto é, ausente de organização, pessoal e obscuro, enfim, uma questão de gosto ou afinidade imperscrutável.

A subjetividade humana realmente costuma carecer, e muito, de organização, de uma forma mais bem arquitetada e estável, motivo pelo qual está sempre à deriva dos humores, humores no sentido em que os antigos usavam o termo, humores orgânicos, estados físicos que interferem e definem o estado da interioridade psíquica humana (em particular, o estado emocional, como comentado anteriormente).

A interioridade humana, inteiramente subjetiva, isto é, desorganizada e sem sentido, torna-se, então, algo desagradável para o convívio social, para a troca cultural e como base para um conhecimento estável. Este fator subjetivo é visto socialmente como feio, inútil e desajeitado para qualquer ação eficiente. Como o patinho feio da fábula, que por desconhecer sua natureza intrínseca de cisne vivia muito insatisfeito e triste consigo e com as condições de sua existência.

No entanto, ao ser eliminada do conhecimento vigente, a subjetividade não tem como ser trabalhada, aprimorada e desenvolvida.

O cisne não se reconheceu como cisne enquanto não viu no ambiente um de sua espécie. Nenhuma ordem na interioridade humana é possível até que se reconheça fora algo que mostre o que trazemos dentro. Esta lição, de uma fábula das mais antigas e conhecidas, parece estar esquecida pela cultura moderna.

Os comentários sobre cada um dos quatro temperamentos, presentes no próximo capítulo, têm por objetivo instigar o reconhecimento destes, de modo que o leitor-ouvinte possa também reconhecer o seu próprio temperamento, não apenas em teoria, mas vendo-o retratado no universo musical/emocional, agindo como elemento facilitador para a organização de sua interioridade subjetiva.

Os critérios de audição musical colocados neste trabalho são baseados no temperamento "subjetivo" do compositor, considerando-se o temperamento definido pela ênfase dos elementos que compõem sua carta astrológica.

O céu é utilizado pela Astrologia como um padrão que reflete a organização possível à interioridade humana, de acordo com uma lei de analogia no tempo.

Como para o patinho feio, que para tornar-se cisne precisou saber que existiam cisnes, as gentes humanas precisam recorrer a algum padrão externo que as ajude a entender sua natureza interior.

Dificuldade para encontrar no ambiente exterior o reflexo justo de nossa interioridade individual não significa que a interioridade deva permanecer desorganizada, confusa, obscura ou insatisfeita, como um cisne que se imagina pato, pela desordem de sua percepção.

Barroco, Clássico, Romântico, Moderno e Contemporâneo

Para cada temperamento estão selecionados compositores de diversos períodos da história da música. Isso deverá facilitar às pessoas encontrar composições de seu agrado pessoal, fator não indispensável mas desejável para o trabalho de equilíbrio do temperamento pela audição musical.

Os períodos da história da música foram aqui considerados em suas linhas mais gerais, classificados como BARROCO, CLÁSSICO, ROMÂNTICO, MODERNO e CONTEMPORÂNEO. Buscou-se nos livros e obras de referência musical o período que mais significativamente corresponde ao tipo de obra de cada compositor. Alguns compositores poderiam fazer parte de mais de um período, situando-se numa fase de transição.

A divisão em cinco grandes períodos musicais tem aqui um objetivo muito simples, sem a intenção de ser fiel a todas as conotações que estas designações costumam ter no estudo da história da música: busca-se delinear os diferentes modos como o temperamento do compositor se reflete na obra musical, pois que em cada período esta relação é peculiar.

Na música do período BARROCO, época em que foi estabelecido firmemente o sistema tonal, a base da música ocidental, o temperamento do compositor está presente de maneira menos marcante, sendo preponderantes as regras da forma e da composição musical sobre a inspiração ou imaginação do compositor.

Nesse período, a imaginação criativa (o temperamento) do compositor age por meio das regras e formas de composição, sem as contrariar, buscando modos inspirados e significativos de aplicá-las.

À medida que passamos para o período CLÁSSICO, temos como que um equilíbrio entre as leis da harmonia e a imaginação pessoal. Aqui são estabelecidas certas formas de direcionamento da imaginação criativa, onde cabe maior presença do temperamento pessoal, pelo princípio de desenvolvimento temático da música, por meio do jogo de contrastes dramáticos, a forma-sonata, aplicada a partir desse período em vários tipos de obra musical, desde grandes sinfonias até pequenas peças para solistas.

Nessa nova forma, há maior possibilidade de expressão temperamental, como mostram os compositores do período, mas ainda dentro de formas muito bem definidas, até certo ponto rígidas, onde as leis básicas da harmonia sonora continuam como o padrão absoluto, estabelecendo inclusive como se dá o contraste entre os temas e seus desenvolvimentos.

No período ROMÂNTICO, a natureza do compositor, sua subjetividade, expressa-se com mais vigor, e depois de igualar-se às leis de harmonia no período Clássico, passa no Romantismo a se sobrepor às regras formais da música. A forma-sonata, veículo que permitia maior conteúdo imaginativo dentro de um padrão simétrico e harmônico, deixou, em boa parte das obras, de ser a forma a conduzir a imaginação criativa.

Os compositores tomaram as bases da música para seu uso, segundo critérios que permitiam grande liberdade formal, podendo assim expressar estados subjetivos mais variados, mostrando com maior plenitude seu temperamento. No entanto, a estrutura musical deixou, em parte, de seguir as leis naturais de harmonia e proporção, para dar lugar a uma estrutura subjetiva e pessoal, de acordo com a natureza do compositor.

Os românticos e em seguida os compositores do período MODERNO, da segunda metade do século passado e início deste, caminharam por diversos lados e chegaram praticamente aos limiares possíveis do sistema tonal, o sistema criado segundo os padrões de harmonia encontrados nas leis da natureza.

Os compositores do período Moderno, após a liberdade adquirida no Romantismo, de expressar musicalmente toda subjetividade que lhes acometesse, retornaram a um sentido mais essencial da música, buscando expressar a música em estado puro, sem seguir as regras absolutas do Barroco e do Classicismo, nem os "estados d'alma" do Romantismo.

Há um certo equilíbrio entre a construção de uma estrutura musical objetiva e a expressão do temperamento pessoal. No entanto, o sentido de objetividade desta estrutura segue caminhos escolhidos particularmente por cada compositor, e não necessariamente a harmonia natural.

Estes dois caminhos, entre temperamento subjetivo e construção objetiva, se entrecruzaram em diversos pontos nas proposições da música moderna, inclusive adotando padrões de harmonia vindos de outras culturas, como da música oriental, dos antigos modos gregos ou pela retomada de formas musicais antigas ou folclóricas.

As obras dos compositores do período Barroco, por terem menos da imaginação pessoal do compositor interferindo na estrutura musical, e sendo uma expressão mais pura das leis naturais impressas no sistema musical, podem ser consideradas, de maneira geral, mais equilibrantes do que as músicas do período Romântico, pois que nestas muitas vezes o caráter particular do temperamento sobrepuja o equilíbrio da estrutura musical.

Como explicado anteriormente, o valor equilibrante do temperamento contido na música está no fato de a estrutura harmoniosa da música reelaborar e "afinar" a subjetividade temperamental do compositor. Não está necessariamente na inspiração do compositor (quando os dois fatores se unem, a música terá efeitos particularmente positivos sobre a psique).

Portanto, um romântico inspirado poderá fazer belas obras, mas um clássico ou barroco cuja inspiração está mais rigorosamente pautada dentro da estrutura harmoniosa da música, com mais segurança trará um efeito equilibrante.

Por outro lado, a música de épocas mais recentes falam em mais alto e bom som à nossa sensibilidade. A música barroca muitas vezes soa fria e distante, por nela não reconhecermos elementos afins com a sensibilidade atual. Poderá ser mais agradável ou "tocante" ouvir música do período Clássico e, principalmente, Romântico e Moderno.

Nem sempre as leis de proporção usadas na música moderna garantem a "afinação" do temperamento do compositor. As bases musicais deste período são muito diversas, dependendo muito do partido tomado pelo compositor ou de seu meio cultural. Enfim, as escolhas são mais delicadas, no que se refere ao efeito equilibrante da música sobre o ouvinte, apesar de aqui podermos encontrar as músicas mais expressivas para o nosso tempo atual.

A partir do período Moderno, que chamaremos aqui resumidamente de período CONTEMPORÂNEO, a música ocidental caminhou por trilhas que por vezes seguem o mesmo sistema estabelecido desde a época barroca, outras vezes propõe alguma nova ordem musical que não tem ligação com qualquer lei natural, mas sim com as idéias do compositor e sua visão conceitual do que a música deveria ser.

Temos aqui ondas de música neobarroca, neoclássica, ao lado de novas estruturas como o serialismo e o dodecafonismo, além dos experimentos com a inserção do elemento acaso na composição e na execução musical, a inserção do ruído enquanto elemento musical e tantas outras manifestações, como se todas as fases anteriores tentassem conviver simultaneamente, acrescidas das tentativas de ruptura e busca de uma nova ordem.

As disposições e visões pessoais, ao invés de colocadas dentro do sistema tonal, como até o período Romântico e de certa forma o Moderno, passaram a reformar o sistema musical, levando a visão pessoal à estrutura musical, modificando-a e, portanto, fazendo-a perder o efeito de equilíbrio com relação à ordem universal.

Muito da música moderna não expressa ordem, pelo menos não uma ordem útil para o equilíbrio da natureza humana, segundo as leis que nos mantêm vivos, como o faz a música tonal. Portanto, muitos compositores deste século, principalmente, cujas obras musicais não seguem os padrões da música tonal, não podem ser utilizados para a "afinação" do temperamento.

Mesmo assim, alguns compositores contemporâneos foram citados nas listas dos quatro elementos, colocadas a seguir. Poderá ser de interesse para o leitor-ouvinte tentar perceber a presença do temperamento do compositor em meio às novas linguagens musicais.

Quanto à necessidade ou ao valor da música contemporânea, seja no seu aspecto artístico ou sociológico, está fora do tema deste trabalho. Para o trabalho com o equilíbrio do temperamento, a maior parte da música contemporânea não pode ser utilizada, assim como não o podem os cantos gregorianos (cujo sistema musical é bastante diferente, talvez até mais próximo das leis máximas da harmonia do som, mas sem a presença do temperamento do compositor).

Compositores de Temperamento Fogo

BARROCO
Agostino **Steffani**
Benedetto **Marcello***
Jean-Baptiste **Lully**
Johann Sebastian **Bach***
Giuseppe **Tartini***
Francesco **Durante***
Pietro **Nardini**
Leonardo **Leo**
Michel-Richard **Lalande**

CLÁSSICO
Antonio **Salieri***
Joseph **Haydn**
Ludwig van **Beethoven**
Louis **Spohr***
Adrien François **Boieldieu**
Gaetano **Pugnani***
Domenico **Cimarosa**

ROMÂNTICO
Hector **Berlioz***
Cesar **Franck**
Paul Vicent **D'Indy***
Albert **Roussel**
Franz **von Suppé***
Jan **Sibelius**
Alexander **Glazounov***
Anton **Rubinstein**
Moritz **Moszkowski**
Modest **Moussorgsky***
Edward **MacDowell***
Gaetano **Donizetti**
Pietro **Mascagni**
Ferrucio **Busoni**
John **Field**
Charles-Valentin **Alkan**
Henrique **Oswald***

MODERNO
Claude **Debussy**
Enrique **Granados***
Joaquim **Turina**
Manuel de **Falla**
Bela **Bartok**
Zoltan **Kodaly***
Sergei **Rachmaninov**
William **Walton***
John **Ireland***
Ernest **Bloch**
Gabriel **Pierné**
Andre **Jolivet***
Ferde **Grofé***
Bohuslav **Martinu***

CONTEMPORÂNEO
Jacques **Ibert***
Federico **Mompou***
Olivier **Messiaen***
Anton **Webern**
Alberto **Ginastera**
Karlheinz **Stockhausen***
Krzysztof **Penderecki***

Os nomes grifados são dos compositores que mais fortemente têm a presença do temperamento Fogo em sua carta astrológica.

Os nomes acompanhados de asterisco (*) são dos compositores que possuem um segundo elemento, quase tão forte quanto Fogo, em seu temperamento.

Temperamento Fogo/Terra: B. **Marcello**, F. **Durante**, G. **Tartini**, A. **Glazounov**, J. **Ireland**, H. **Oswald**, J. **Ibert**, Z. **Kodaly**, K. **Stockhausen**

Temperamento Fogo/Ar: L. **Spohr**, V. **D'Indy**, F. **Grofé**, H. **Berlioz**, W. **Walton**, F. **Mompou**, B. **Martinu**, K. **Penderecki**

Temperamento Fogo/Água: J. S. **Bach**, A. **Salieri**, G. **Pugnani**, F. **von Suppé**, M. **Moussorgsky**, E. **Granados**, E. **MacDowell**, A. **Jolivet**, O. **Messiaen**.

Os compositores com temperamento Fogo/Terra têm sua música caracterizada pela associação dos valores idealistas e vibrantes de Fogo com o sentido prático de Terra, estimulando uma combinação de ambos os efeitos. Os exageros idealistas são moderados, dando às motivações um impulso pragmático e realizador.

Os compositores com temperamento Fogo/Ar têm sua música caracterizada por um maior equilíbrio em seus atributos, mas prevalece uma grande capacidade de estímulo à imaginação, aumento da motivação pessoal e o sentido de expansão. Promovem um espírito dinâmico e mentalmente ativo.

Os compositores com temperamento Fogo/Água têm sua música caracterizada por forte imaginação criativa, grande emotividade e tendência ao exagero dramático. Estimulam o sentido criativo e artístico, assim como uma ausência de maior sentido racional e de meio-termo.

Compositores de Temperamento Ar

BARROCO
Claudio **Monteverdi**
Arcangelo **Corelli**
Giovanni Battista **Vitali***
Tommaso **Albinoni***
Alessandro **Stradella**
Bernardo **Pisano**
Jacques-Mart **Hotteterre**
Marin **Marais***
Jean-Philippe **Rameau**

CLÁSSICO
Wolfgang Amadeus **Mozart**
Muzio **Clementi***
Carlos **Seixas***
Baldessare **Galuppi***
Daniel **Auber**

ROMÂNTICO
Felix **Mendelsohn**
Franz **Schubert***
Robert **Schumann***
Franz **Liszt***
Carl **Nielsen***
Edvard **Grieg**
Jacques **Offenbach**
Charles **Gounod***
Camille **Saint-Saens**
Edouard **Lalo**
Henry **Vieuxtemps**
Alberic **Magnard***
Giuseppe **Verdi**
Mikhail **Glinka***
Ralph **Vaughan Williams**
Edward **Elgar**
Frederic **Delius**

MODERNO
Richard **Wagner***
Isaac **Albeniz**
Paul **Dukas**
Dmitri **Shostakovich**
Igor **Stravinski***
Richard **Strauss***
Aram **Katchaturian**
Erich W. **Korngold***
Leopold **Godowsky***
Karol **Szymanowski***
Louis **Durey**
George **Auric**
Cyrill **Scott***

CONTEMPORÂNEO
Alban **Berg**
George **Gershwin**
Charles **Ives**
Gyorgy **Ligeti**
Luigi **Nono***
W. **Lutoslawski***
Steve **Reich***
Philip **Glass***
Marlos **Nobre**
José Antônio **Almeida Prado**

Os nomes <u>grifados</u> são dos compositores que mais fortemente têm a presença do elemento Ar em seu temperamento.

Os nomes acompanhados de asterisco (*) são dos compositores que possuem um segundo elemento, quase tão forte quanto Ar, em seu temperamento.

Temperamento Ar/Fogo: B. **Galuppi**, M. **Clementi**, F. **Liszt**, C. **Gounod**, C. **Nielsen**, A. **Magnard**

Temperamento Ar/Terra: M. **Marais**, C. **Seixas**, R. **Schumann**, R. **Wagner**, E. **Korngold**, I. **Stravinski**, C. **Scott**, W. **Lutoslawski**, S. **Reich**, P. **Glass**

Temperamento Ar/Água: G. **Vitali**, T. **Albinoni**, F. **Schubert**, M. **Glinka**, R. **Strauss**, L. **Godowsky**, K. **Szymanowski**, L. **Nono**.

Os compositores de temperamento Ar/Fogo têm sua música caracterizada por um maior equilíbrio em seus atributos, mas prevalece a grande capacidade de estímulo à imaginação intelectual, o aumento da motivação pessoal e o sentido de expansão. Promovem uma mente inspirada e intuitiva, mas com tendência ao exagero ou à imposição de valores.

Os compositores Ar/Terra têm sua música caracterizada por uma forte racionalidade, um certo distanciamento nos sentimentos e uma tendência a ter razões justificadas para aquilo que expressam. A capacidade de organização, seja abstrata ou prática, é estimulada.

Os compositores Ar/Água têm sua música caracterizada por altos vôos imaginativos e uma mescla de valores subjetivos e pessoais com a capacidade de percepção impessoal. Promovem um grande despertamento da sensibilidade, mas podem desorganizar o sentido de atuação prática.

Compositores de Temperamento Terra

BARROCO
Giovanni Battista **Pergolese**
Alessandro **Marcello***
Alessandro **Scarlatti***
Pietro **Locatelli***
Giovanni **Paisiello**
Giuseppe **Torelli**
Jean-Marie **Leclair**

CLÁSSICO
Johann Christian **Bach***
Luigi **Cherubini**
Nicolo **Jommelli**
Niccolo **Piccini**
Giovanni **Rutini**
Giacomo **Meyerbeer***
François-Joseph **Gossec***
Anton **Diabelli**
Friedrich **Kuhlau**
José **Maurício**

ROMÂNTICO
Ernest T. A. **Hoffmann**
Anton **Bruckner**
Josef **Suk***
Johannes **Brahms***
Max **Bruch**
Jules **Massenet**
Ernest **Chausson**
Engelbert **Humperdinck***
Franz **Lehar**
Amilcare **Ponchielli***
Giacomo **Puccini**
Ildebrando **Pizzetti**
Sigismond **Thalberg***
Xaver **Scharwenka**
Carl **Goldmark***
Anatole **Liadov**
Mily Alexeiev **Balakirev***
Arthur **Sullivan**
Louis Moreau **Gottschalk**
Leopoldo **Miguez***

MODERNO
Emmanuel **Chabrier***
Erik **Satie**
Gabriel **Fauré**
Francis **Poulenc***
Darius **Milhaud***
Gustav **Holst**
Alexander **Scriabin**
Sergei **Prokofiev***
Nikolai **Miaskovsky**
Dmitri **Kabalevsky***
Hans **Pftzner**
Frank **Martin***
Francisco **Mignone***

CONTEMPORÂNEO
Arnold **Schonberg**
Edgard **Varese**
John **Cage**

Os nomes grifados são dos compositores que mais fortemente têm a presença do elemento Terra em seu temperamento.

Os nomes acompanhados de asterico (*) são dos compositores que possuem um segundo elemento, quase tão forte quanto Terra, em seu temperamento.

Temperamento Terra/Fogo: A. **Marcello**, J. C. **Bach**, J. **Suk**, E. **Humperdinck**, C. **Goldmark**, J. **Brahms**, A. **Dvorak**, E. **Chabrier**, F. **Poulenc**

Temperamento Terra/Ar: A. **Scarlatti**, G. **Meyerbeer**, A. **Ponchielli**, S. **Prokofiev**, D. **Milhaud**, D. **Kabalevsky**, F. **Martin**, F. **Mignone**

Temperamento Terra/Água: P. **Locatelli**, F. **Gossec**, S. **Thalberg**, M. **Balakirev**, L. **Miguez**.

Os compositores com temperamento Terra/Fogo têm sua música caracterizada pela associação do sentido prático de Terra com os valores idealistas e vibrantes de Fogo, numa combinação de ambos os efeitos. O pragmatismo se associa ao idealismo, estimulando a ação orientada e os impulsos de conquista material. Uma certa aridez emocional pode ser sentida em algumas músicas.

Os compositores com temperamento Terra/Ar têm sua música caracterizada por uma forte racionalidade, um certo distanciamento dos sentimentos e uma busca de equilíbrio que pode dificultar a fluidez. Promove a capacidade de organização, seja abstrata ou prática, e de atuação ponderada.

Os compositores com temperamento Terra/Água têm sua música caracterizada por um certo equilíbrio entre romantismo e formalismo, o que gera um resultado que nem sempre pode ser apreciado com facilidade. É uma música que promove uma manifestação mais equilibrada do sentido pragmático de Terra, temperando-a com sensibilidade e graciosidade.

Compositores de Temperamento Água

BARROCO
Domenico **Scarlatti**
Georg Philipp **Telemann**
Antonio **Vivaldi***
François **Couperin***
Louis-Claude **Daquin**
George Friedrich **Handel***

CLÁSSICO
Luigi **Boccherini**
Gaspare **Spontini***
Christoph Willibald **Gluck**
Carl Philipp Emanuel **Bach**
Wilhelm Friedmann **Bach***
Johann Christoph Friedrich **Bach***
Leopold **Mozart**
Karl Ditters von **Dittersdorf**
Carl Maria von **Weber**
Carl **Czerny***
Johan Nepomuk **Hummel***

ROMÂNTICO
Frederic **Chopin***
Nicolo **Paganini**
Nikolai **Rimsky-Korsakov**
Johann **Strauss (filho)***
Gustave **Charpentier**
Bedrich **Smetana**
Vicenzo **Bellini**
Gioachino **Rossini***
Georges **Bizet**
Leo **Delibes**
Ruggiero **Leoncavallo**
Arrigo **Boito**
Alexander **Borodine***
Niels **Gade***
Pablo **Sarasate***
Francisco **Tárrega***
Antônio **Carlos Gomes**
Alexandre **Levy***
Alberto **Nepomuceno**

MODERNO
Gustav **Mahler***
Max **Reger***
Leos **Janacek***
Maurice **Ravel**
Arthur **Honegger**
Ignacy Jan **Paderewsky***
Joaquin **Rodrigo**
Ottorino **Respighi**
Heitor **Villa-Lobos***
Oscar **Lorenzo Fernandez**
Mozart **Camargo Guarnieri**

CONTEMPORÂNEO
Paul **Hindemith**
Aaron **Copland***
Samuel **Barber***
Benjamin **Britten**
Carl **Orff**
Luciano **Berio**
Cesar **Guerra Peixe**

Os nomes <u>grifados</u> são dos compositores que mais fortemente têm a presença do elemento Água em seu temperamento.

Os nomes acompanhados de asterisco (*) são dos compositores que possuem um segundo elemento, quase tão forte quanto Água, em seu temperamento.

Temperamento Água/Fogo: W. F. **Bach**, G. **Spontini**, F. **Chopin**, G. **Mahler**, N. **Gade**, M. **Reger**, A. **Borodine**, P. **Sarasate**, F. **Tárrega**, A. **Levy**, A. **Copland**

Temperamento Água/Terra: J. **Hummel**, J. **Strauss** (filho), H. **Villa-Lobos**

Temperamento Água/Ar: A. **Vivaldi**, G. **Handel**, F. **Couperin**, J. C. F. **Bach**, C. **Czerny**, G. **Rossini**, L. **Janacek**, I. **Paderewsky**, S. **Barber**.

Os compositores com temperamento Água/Fogo têm sua música caracterizada por forte imaginação criativa, grande emotividade e tendência ao exagero dramático. Estimulam o sentido criativo e artístico, assim como uma ausência de maior sentido racional e de meio-termo.

Os compositores com temperamento Água/Terra têm sua música caracterizada por um certo equilíbrio entre romantismo e senso prático. Esta promove uma coordenação entre os aspectos sensíveis e pragmáticos, além de um forte estímulo à sensorialidade.

Os compositores com temperamento Água/Ar têm sua música caracterizada por altos vôos imaginativos e uma mescla de valores subjetivos e pessoais com a capacidade de percepção impessoal. Promovem um grande despertamento da sensibilidade, ajudando a torná-la mais coerente e com uma dinâmica positiva.

Os Temperamentos Musicais

Uma Introdução às Bases Artísticas da Musicoterapia

Nesta última parte do livro apresento diversas características de cada um dos quatro elementos, junto com ilustrações musicais que revelarão algo do comportamento e dos estados emocionais atribuídos aos temperamentos.

Para cada característica apontada do elemento, são apresentados exemplos de obras musicais que a retratam enfaticamente. Muitas outras obras, com o mesmo teor, poderão ser encontradas. Algumas foram escolhidas pela facilidade em serem encontradas ou reconhecidas, outras pela caracterização saliente do conteúdo descrito, apesar de nem sempre serem obras muito divulgadas.

Algumas das peças musicais indicadas como ilustrativas constam do CD que acompanha o livro. O leitor tem em mãos alguns exemplos da música dos temperamentos, que poderá ouvir ao tempo da leitura desta parte do livro, unindo a percepção sensorial do estado psicológico com a sua descrição intelectual, o que estimula uma compreensão mais completa dos significados que se deseja transmitir.

Além das peças presentes neste CD, o leitor-ouvinte poderá fazer sua própria seleção musical a partir das obras que fazem parte do seu repertório, criando assim uma espécie de "trilha sonora" particular, com músicas escolhidas a partir do "princípio vital" contido em cada um dos elementos.

Estas trilhas sonoras, seja a do CD que acompanha o livro ou aquela que o leitor venha a criar com seu material fonográfico, terá um bom uso nos momentos em que pretenda vitalizar, relaxar ou equilibrar seu estado emocional.

Ou ainda, as trilhas sonoras dos quatro temperamentos podem ser usadas para se perceber e entender como é o comportamento e a disposição emocional dos tipos humanos. Este é um material especialmente indicado para aqueles que desejam conhecer o teor emocional do ser humano em seus tipos fundamentais. Há um efeito regenerador em se colocar em contato com a manifestação musical que retrata determinados estados emocionais e mentais.

Seria oportuno, àqueles que desejam usar a música para se beneficiar, experimentar a eficiência do padrão que estou aqui sugerindo. Vocês podem constatar não apenas a verossimilhança entre as descrições dos quatro temperamentos básicos com o conteúdo das músicas que os ilustram, mas também com o conteúdo emocional das pessoas com estes temperamentos.

A utilização do padrão astrológico em musicoterapia, como aqui proposto, resolve boa parte das questões de "subjetivismo" na escolha do conteúdo musical, e abre portas para caminhos seguros no equilíbrio e na regeneração da psique através da audição musical.

Este material pode ser utilizado para revelar à pessoa certos conteúdos presentes em sua natureza, e que, sem o apoio da música, só com dificuldades e muito tempo de trabalho psicológico conseguem ser tocados por algo (ou alguém) externo à pessoa.

Relembrando o tema do patinho feio que só veio a conhecer-se cisne quando topou com um cisne pela frente, o conteúdo emocional presente na música, quando direcionado para a pessoa certa, é capaz de revelar aspectos dela que de outra forma talvez se mantivessem adormecidos e inacessíveis.

Existe a possibilidade de colaborarmos voluntariamente na formação dos estados emocionais, bastando escolher os estímulos adequados, nos expormos organizadamente a estes estímulos, para que os sentimentos desejados brotem naturalmente.

Por tudo o que foi dito, a música me parece o melhor agente estimulador, principalmente pela "ressonância" com o aspecto emocional do ser humano e pelo efeito físico sobre o corpo humano, independendo de considerações estéticas ou culturais para que o efeito se dê.

A música deve ser recuperada em sua função de formação do caráter humano. Esta sempre foi sua função principal, em todas as culturas. Estão aqui lançadas algumas bases para essa recuperação, dentro da cultura ocidental.

Fogo

O elemento **Fogo** está associado à vontade, ao idealismo, à moral, à vitalidade e ao espírito. É o elemento da emotividade atuante e da automobilização a partir de princípios individuais. As pessoas deste temperamento guiam-se por motivos próprios, e nada mais. É o elemento do sentido de individualidade e da integridade vital.

Na música de Fogo está presente uma grande vitalidade e uma dinâmica rítmica de efeito particularmente marcante sobre o ambiente. Muitas vezes se aproxima da velocidade e da pressa, outras vezes transparece um brilho monumental. O **pulso rítmico** tem uma função particular na música fogosa, mais do que a melodia ou a harmonia, sustentando a força de sua dinâmica interna.

— **Bach**, *Concerto de Brandenburgo nº 3 em Sol Maior, BWV. 1048* (faixa 1 do CD que acompanha o livro)

— **Bach**, *Partita nº 1 em Si♭ Maior, BWV. 825, allemande*

— **Haydn**, *Sonata para piano nº 62 em Mi♭ Maior, finale: presto*

— **Alkan**, *Le chemin de fer, op. 27*

Este é um elemento relacionado com o núcleo mais próximo da vitalidade original de uma pessoa (daí a associação com a espiritualidade). A pessoa de Fogo tem sua experiência de vida centralizada em sua identidade individual. Poderá buscar nos aspectos de sua personalidade aquele que lhe pareça ser o mais vital e legítimo, e a partir dele expandir seus motivos para o mundo. Acontece de impor-se sem consideração para com o mundo à sua volta, agindo de modo egocêntrico, impulsivo e entusiástico.

A música de Fogo denota um vigor emocional e tem uma ação forte e contundente sobre o ambiente. Tudo o que faz, faz com intensidade e integralmente. A imposição de seus motivos, quer sejam movidos por uma emoção alegre ou triste, tem grandiosidade e sentido heróico.

— **Bach**, *Concerto de Brandenburgo nº 3 em Sol Maior, BWV. 1048* (faixa 1 do CD que acompanha o livro)

— **Beethoven**, *Sinfonia nº 5 em Dó Menor, op. 67, allegro*

— **Rachmaninov**, *Concerto para piano nº 2 em Dó Menor, op. 18*

Ou então, denota uma unilateralidade da exposição musical, como alguém que pouca ou nenhuma necessidade tem de explicar seus motivos às outras pessoas. Há uma ausência de variação e uma repetição cíclica (muitas vezes, árida e cerebral) dessa direção única. Uma imposição ansiosa de seus motivos. Olha numa só direção, andando sozinho consigo próprio, numa tentativa de preencher as próprias necessidades por si só, na solidão e com auto-suficiência.

— **Bach**, *Tocata e fuga em Ré Menor*

— **Bach**, do *Cravo bem-temperado, Prelúdio em Mi Menor*

— **Bach**, *Partita para flauta solo em Lá Maior*

— **César Franck**, *Prelúdio, coral e fuga, para piano*

As pessoas de temperamento Fogo sentem que são canais da vitalidade mais pura, não escondendo seu orgulho a respeito desse fato e mesmo valorizando-se de forma especial perante os demais e agindo com entusiasmo e confiança frente aos embates da vida. Têm uma natural nobreza de sentimentos e de atitudes, que se mostra em gestos generosos, magnânimos e heróicos.

Na música de Fogo há um particular "calor" e afetuosidade de sentimentos. Poderia se dizer uma amorosidade quente, um calor humano de sentimentos nobres, mostrando-se galante, generosa, magnânima e mesmo heróica para com aqueles sobre quem projeta seus sentimentos.

— **Debussy**, *Rêverie* (faixa 3 do CD que acompanha o livro)

— **Debussy**, *Prélude à l'aprés midi d'un faune*

— **Bach**, *Ouverture nº 1 em Dó Maior, BWV. 1066, ouverture*

— **Beethoven**, Abertura *Leonore nº 3, op. 72b*

— **Alkan**, *Estudo em Sol^b Maior, op. 35 nº 10*

— **Moszkowski**, *Concerto para piano em Mi Maior, op. 59*

— **Granados**, *Danças Espanholas nº 8 Assai moderato e nº 10 Allegretto*

O elemento Fogo revela-se unilateralmente expansivo, considerando apenas suas próprias manifestações, sem ver nisso nenhum exagero, chegando essa unilateralidade a constituir a fonte de seu orgulho. O lado passivo deste elemento está na rigidez de suas propostas e valores. É passivo ao seu próprio valor, deixando-se imbuir completamente dele.

Na música de Fogo a vitalidade pode ser usada para o prazer do movimento, pura e simplesmente, para se "galopar pela vida", de forma divertida, alegre e "ruidosa". Por vezes uma alegria ruidosa e furiosa, que avança além do ponto. Por outro lado, a vitalidade fogosa é força necessária para o caminho ascendente em direção à intuição elevada e à transcendência. A alegria está presente nos dois caminhos, sendo difícil reconhecer, pelos sinais externos da música, quando se trata de uma ou outra orientação.

— **Beethoven**, *Rondó a Capriccio, op. 129* (faixa 2 do CD que acompanha o livro)

— **Beethoven**, *Marcha Turca* de *As Ruínas de Atenas, op. 113*

— **Beethoven**, *Sonata para piano em Lá Maior op. 101, allegro*

— **De Falla**, *Dança ritual do fogo*

— **Cimarosa**, *Concerto para oboé e cordas em Dó Maior, allegro giusto*

Para a pessoa do elemento Fogo, o mundo concreto é o campo de batalha, onde afirma sua vontade, sua individualidade e seu poder. As inquietudes emocionais existem apenas para serem eliminadas pois, segundo o temperamento fogoso, são decorrências da fraqueza humana. A lógica mental lhe parece lenta e insuficiente diante de sua brilhante intuição. O valor individual propulsiona todas as atitudes.

A música de Fogo denota a capacidade deste temperamento de submeter o mundo à sua vontade, por meio de um supremo individualismo criativo. São músicas em que o compositor faz as regras musicais e as modifica quando bem entende, sem que os demais participem de comum acordo de seu universo emocional. Tudo emana de sua vontade, mas quase nada lhe toca intimamente. Muitas vezes busca as mais altas altitudes, elevando-se acima e além do humano, o que o afasta do humano comum. Outras vezes é apenas inacessível, impenetrável aos outros, formando um círculo em torno de si próprio como marca de sua soberania absoluta.

— **Bach**, *A arte da fuga*, BWV.1080

— **Debussy**, *Jeux*

— **Debussy**, *Sonata para flauta, viola e harpa*

— **Beethoven**, *Grosse Fugue, op. 133*

— **Webern**, *Quarteto de cordas, op. 28* (ou mesmo toda a obra deste autor)

Sua vontade de ser e de se expressar livremente é natural e quase infantil em sua simplicidade, uma qualidade que pode parecer cativante, quando irradia seu fulgor sobre o ambiente, mas que parece ofensiva quando sua voluntariosidade causa destruição ou mágoa à sensibilidade alheia.

Na música de Fogo muitas vezes encontramos uma criancice ou inocência, associadas à falta de habilidade para movimentar-se e relacionar-se. Há grande unidade vital, como num recém-nascido, mas uma falta de jeito para estabelecer contato com o resto do mundo (devido à sua unidade coesa e tensa, como num ovo).

— **Beethoven**, *Rondó a Capriccio, op. 129* (faixa 2 do CD que acompanha o livro)

— **Haydn**, *Sonata para piano nº 60 em Dó Maior, allegro*

— **Cimarosa**, *Concerto para cravo e orquestra em Si^b Maior, allegro*

— **Ibert**, *Toccata, Scherzetto, Française para piano*

O excesso do elemento Fogo no temperamento causa preocupação exagerada em ser alguém especial; egocentrismo, insensibilidade para com os outros, arrogância e tendência aos excessos físicos. Raramente a ênfase exagerada neste elemento é sentida como um problema pela própria pessoa.

Na música de Fogo o excesso deste elemento se mostra nos exageros de efeitos vibrantes e grandiosos (desejo de ser o centro do espetáculo), pela aridez para com o mundo (consideração somente aos seus próprios motivos), no exclusivismo para consigo mesmo (envaidecimento) e na facilidade com que motiva os outros ao movimento e a se envolverem com seus motivos (sedução pelo brilho).

— **Beethoven**, *Concerto para piano nº 5 em Mi^b Maior, op. 73, Imperador, allegro*

— **Beethoven**, *Octeto para sopros em Mi^b Maior, op. 103, allegro*

— **Rubinstein**, *Concerto para piano nº 4 em Ré Menor, op. 70*

— **Debussy**, *As colinas de Anacapri*, do 1º livro de Prelúdios

— **Ibert**, *Paris*, suíte sinfônica

A ausência ou a pouca presença deste elemento no temperamento causa falta de ânimo e de vitalidade, desconfiança de tudo, pessimismo, ausência de alegria de viver, medo de lutar e de vencer.

Na música de Fogo encontramos a restauração da confiança, do otimismo e da alegria de viver. Há um natural aumento da vitalidade física e emocional. A fé em si próprio, a vontade de expressar a individualidade e o fortalecimento dos valores humanos são estimulados pela música de temperamento Fogo, com a impressão final de a felicidade humana ser invencível.

— **Bach**, *Concerto de Brandenburgo nº 3 em Sol Maior, BWV. 1048* (faixa 1 do CD que acompanha o livro)

— **Bach**, coral *Jesus alegria dos homens*

— **Beethoven**, *Sonata para violino e piano nº 5 em Fá Maior, op. 24, Primavera*

A pessoa do elemento Fogo precisa, para se equilibrar, expressar idealismo, sendo pioneira de um ideal, de uma causa elevada. O entusiasmo e a alegria devem afirmar o valor de que a vida é para a felicidade e para o bem, desenvolvendo a capacidade de vontade associada com o sentido de inofensividade.

Na música de Fogo encontramos um estímulo ao contato com a intuição mais elevada e com os sentimentos humanos mais próximos da espiritualidade, ou que, de alguma forma, procuram reproduzir algo do espírito no nível material e psicológico.

— **Beethoven**, *Quarteto para cordas em Lá Menor, op. 132, 3º movimento*

— **Bach**, *Paixão segundo São Mateus*, coro da *Introdução.* (Esta mesma música será indicada como representativa de um aspecto do elemento Água, o de busca do superior, após viver as impermanências do sentimento humano comum; de fato, esta música pode ser considerada como contendo aspectos destes dois elementos.)

Os compositores do elemento Fogo mais indicados para um efeito harmonizante são: **Bach**, **Beethoven**, **Haydn** e **Cesar Franck**.

Ar

O elemento **Ar** está ligado ao intelecto, aos conceitos, às idéias, à comunicação e às relações sociais. É o elemento que representa a percepção mental e a compreensão abstrata dos conceitos e da harmonia subjacente à realidade. É também o elemento associado à capacidade humana de relação entre as partes de um todo, o que inclui as relações humanas e a comunicação entre as pessoas.

Na música de Ar está presente uma emoção idealizada, existindo enquanto abstração emocional, já sem a tensão mobilizadora do sentimento, mas com o equilíbrio estético e a leveza de alguém que descreve a emoção que um dia distante foi sentida, e que quase já não tem ligação pessoal com essa emoção, mas apenas um gosto pela abstração idealizada que restou. Predomina o conceito por trás da música ou da emoção musical. Nesse sentido, a **harmonia** é a base da música, muito mais do que a melodia, o ritmo ou a instrumentação.

— **Schubert**, *Impromptus op. 90 nº 3 em Sol^b Maior* (faixa 5 do CD que acompanha o livro)

— **Schubert**, *Sonata para piano em Si^b Maior, D. 960, molto moderato*

— **Schumann**, *Cenas de Infância, op. 15, A criança dorme*

Este é um elemento relacionado com o mundo das idéias e dos pensamentos, que estão por trás da realidade concreta. O Ar se associa às linhas geométricas (e abstratas) de força que modelam a vida. As relações teóricas são o universo da pessoa de temperamento de Ar, vendo nesse universo toda a beleza, a harmonia e a verdade que raramente estão visíveis no mundo concreto ou na interioridade emocional humana.

A música do elemento Ar tem uma elegância estética, uma beleza, uma harmonia e uma série de efeitos de delicadeza e de um embelezamento incorpóreo, onde tudo é colocado de modo ideal, existindo apenas no plano da utopia. Há o sentido de superação das imperfeições da rude matéria.

— **Mozart**, *Sinfonia Concertante em Mi♭ Maior, K. 297b, adagio* (faixa 4 do CD que acompanha o livro)

— **Mozart**, *Sinfonia nº 40 em Sol Menor, K. 550*

— **Schubert**, *Momento Musical em Dó Maior, op. 94 nº 1*

A motivação principal do temperamento aéreo é paradoxal, na medida em que busca expandir suas percepções conceituais sobre a realidade em que está, devendo então plasmar-se à realidade. Seria algo como "expandir-se receptivamente", o que fica caracterizado, na prática, pela dificuldade de unir (expandir) uma idéia à prática concreta (plasticamente).

Na música de Ar encontramos o paradoxo da proximidade e da afabilidade, nas melodias próximas e fáceis de serem entendidas e captadas, e do distanciamento ausente e impessoal, pela impressão etérea de seu conjunto.

— **Schubert**, *Impromptus op. 90 nº 3 em Sol♭ Maior* (faixa 5 do CD que acompanha o livro)

— **Schubert**, *Trio para cordas em Si♭ Maior D. 581, allegro moderato*

— **Dukas**, poema-sinfônico *O Aprendiz de Feiticeiro*

— **Grieg**, *Concerto para piano em Lá Menor, op. 16*

— **Delius**, *Duas Aquarelas*

Outra forma de o paradoxo do elemento Ar surgir em sua música está na visão nua do lado belo e do lado trágico da existência, em sua máxima extensão. O claro e o sombrio. A utopia de reunir a beleza abstrata à rudeza da matéria.

— **Schubert**, *Sinfonia Inacabada em Si Menor, D. 759*

— **Mozart**, *Concerto para piano nº 20 em Ré Menor, K. 466, allegro*

— **Liszt**, *Variationen über das Motiv von BACH*

As pessoas com o temperamento aéreo buscam uma visão global e imparcial de tudo, com ênfase na conceituação das relações entre as partes, evitando os pontos de vista particulares e personalistas. O pensamento abstrato, as palavras, a filosofia e a arte são formas de expressão afins com este elemento.

Na música de Ar há um constante jogo de intenções e de efeitos, que se alternam em variadas direções, muitas vezes opostas, dando à música uma ausência de caráter próprio. É uma tentativa de visão imparcial de tudo que faz o temperamento aéreo buscar a harmonia entre os opostos, interessando-se por fazer conviverem estados emocionais diferentes e opostos como que para compreender como eles podem conviver.

— **Liszt**, *Estudo de concerto nº 1 Waldesrauschen* (faixa 6 do CD que acompanha o livro)

— **Liszt**, *Rapsódia Húngara nº 7 em Lá Menor*

— **Liszt**, *Sonata para piano em Si Menor*

Há um notável refinamento em sua abordagem da vida, sentindo-se atraídos pela estética e pela harmonia da relação com as situações e pessoas, muito mais do que se sentem atraídos pelas pessoas e situações em si.

Na música de Ar há sempre elegância estética, uma "beleza" que paira acima dos conflitos, como que indicando a "solução" para a vida humana. Muitas vezes, esta música é feita apenas de efeitos fáceis, somente para agradar ao outro (o ouvinte), podendo a forma estética da comunicação ganhar maior ênfase do que o conteúdo a ser comunicado.

— **Schubert**, *Impromptus op. 90 nº 3 em Sol^b Maior* (faixa 5 do CD que acompanha o livro)

— **Liszt**, *Sonho de Amor nº 3*
— **Liszt**, *Les jeux d'eau à la Villa d'Este*
— **Mozart**, *Quarteto para flauta e cordas em Lá Maior, K. 298*
— **Saint-Saens**, *Introdução e Rondó Caprichoso em Si Menor, op. 28*

O elemento Ar estimula as relações, o convívio humano e a sociabilidade. As pessoas com temperamento aéreo têm necessidade de contato com as "demais partes do todo", as outras pessoas do "todo" denominado humanidade, do qual sentem-se fazendo parte. Apreciam os pensamentos das outras pessoas, mesmo que não concordem com eles, achando estimulante a comunicação de percepções abstratas, as conversas e a dinamização das associações intelectuais.

Na música de Ar as melodias convidam-nos a caminhar junto com ela, numa proposição fraternal e amistosa. Foram criadas para a participação dos demais no seu universo de beleza acessível (mesmo que distante, como numa vitrine). Há uma alegria na relação com todos participando de seus sentimentos. São sentimentos sociais, livres de personalidade, voltados para a celebração social.
— **Mozart**, *Pequeno serão musical em Sol Maior, K. 525*
— **Mendelssohn**, *Sonho de uma noite de verão*
— **Grieg**, *Dia de casamento em Troldhangen*
— **Wagner**, *Música da Sexta-Feira Santa*, do *Parsifal*

O tom é o de uma conversa, mostrando um sentido de harmonia em se acomodar ao outro (considerar o ouvinte, atuando na sua medida), elegância de maneiras, refinamento de modos e o poder de projetar comunicativamente e dar estilo a tudo. A música aérea sugere mais um "clima" do que uma emoção: o clima certo para a transmissão de uma emoção sofisticada e idealizada.
— **Liszt**, *Estudo de concerto nº 1 Waldesrauschen* (faixa 6 do CD que acompanha o livro)
— **Liszt**, *Au lac de Wallenstadt*, dos *Anos de Peregrinação*
— **Delius**, *On Hearing the First Cukoo in Spring*

— **Schumann**, *Carnaval op. 9*
— **Saint-Saens**, *Capricho sobre melodias da ópera Alceste*
— **Vaughn Williams**, *Concerto para oboé e cordas em Lá Menor, rondó pastoral*
— **Wagner**, *Tristão e Isolda*

Para a pessoa de Ar, o mundo concreto é a expressão da verdade e da beleza do mundo mental. As paixões e inquietudes emocionais são "erros da alma", devido à falta de discernimento. O mal, para o temperamento aéreo, é desvirtuar a verdade. A vida mental é o meio de contato com tudo o que existe.

Na música de Ar, há uma perfeição na vida conceitual e uma tendência ao recolhimento e à extrema timidez quanto à vida pessoal, onde então surge um pessimismo emocional. Como se preferisse expor aos demais a utopia perfeita que sua mente concebeu, para isso tendo de esconder (até de si mesmo) o triste da condição de sua realidade (ou trágico, pelo contraste entre a perfeição conceitual e a mediocridade material).
— **Mendelssohn**, *Concerto para violino em Mi Menor, op. 64*
— **Mozart**, *Concerto para piano nº 9 em Mi♭ Maior, K. 271*

O excesso do elemento Ar num temperamento é marcado por pensamentos desordenados, curiosidade mental sem aprofundamento nem vivência, fuga da realidade para viver as idéias, esquecimento do corpo, racionalismo exagerado e comunicação excessiva. A tendência à abrangência continuada, sem nunca aterse a parte alguma, acaba por desvanecer as ações e as motivações, tornando as considerações abstratas genéricas e sem sentido.

Na música de Ar temos o exagero de efeitos ornamentais sem aprofundamento dos motivos musicais, a colocação desordenada de um sem-número de interesses deixando-se levar pela curiosidade em perseguir por pouco tempo pistas intelectualmente atraentes, a ausência ou a perda de motivação, a abstração distante do imediato, e uma frieza impessoal.
— **Saint-Saens**, *Carnaval dos Animais*
— **Liszt**, *Estudos de concerto nº 2, Gnomenreigen* (*Dança dos Gnomos*)

A ausência ou pouca presença do elemento Ar no temperamento de uma pessoa causa ausência de reflexão e de análise de situações, com uma conseqüente desorganização existencial, comunicação deficiente e escassez de relacionamentos, e não percepção de que usar a mente faz falta. Há uma ausência de sentido de conjunto e de abrangência em suas percepções, o que a faz tomar as partes pelo todo.

Na música de Ar encontramos uma abrangência de significados e motivações, capazes de ampliar o sentido existencial de uma pessoa. A leveza, a clareza cristalina e a pureza abstrata de sua forma estimulam a ordem mental. A leveza musical favorece ainda o relaxamento físico, a sensação de liberdade, a tranqüilidade emocional e a elevação da psique. O sentido de participação num conjunto maior e o estímulo comunicativo favorecem o convívio afetivo e a amistosidade.

— **Mozart**, *Sinfonia Concertante em Mi^b Maior, K. 297b, adagio* (faixa 4 do CD que acompanha o livro)

— **Wagner**, *Prelúdio de Tristão e Isolda*

— **Elgar**, *Nimrod* das *Enigma Variations, op. 36*

A pessoa de elemento Ar precisa, para equilibrar-se, expressar sua aspiração à verdade, recriando em sua mente as leis e os conceitos que percebe na existência, isto é, dando testemunho da verdade. Deve ser um espelho fiel que percebe e comunica a beleza e o conhecimento, criando condições de contato e relação entre as pessoas, criando uma linguagem para comunicar as idéias, associadas com o treinamento da humildade, não se embriagando com o torrencial de sua mente.

Os compositores de temperamento Ar mais indicados para um efeito harmonizante são: **Wagner**, **Mozart**, **Saint-Saens**, **Liszt**, **Schubert** e **Delius**.

Terra

O elemento **Terra** está associado à matéria, ao mundo físico e ao agir no plano concreto. É o elemento que nos coloca em contato com os sentidos físicos e com a realidade imediata do mundo material.

Na música de Terra, temos a expressão de formas estáveis e clássicas, que reproduzem a sensorialidade do mundo material. O sentido de harmonia dos elementos da natureza em perfeito funcionamento é a sua maneira de mostrar o belo e o positivo. O "sentimento" da música de Terra é um sentimento simples e bem-conhecido, quase um sentimento de senso comum, dentro do que é sensorialmente agradável, sem surpresas, nem insinuações nem sugestões interpretativas, mas com um começo, meio e fim "naturais" e seguros.

— **Brahms**, *Intermezzo em Si^b Menor op. 117 nº 2* (faixa 8 do CD que acompanha o livro)

— **Brahms**, *Valsa op. 39 nº 15 em Lá^b Maior*

— **Tchaikovsky**, música do balé *A Bela Adormecida*, especialmente a *Valsa*

— **Leclair**, *Sonata em Ré Maior*

A pessoa de Terra confia mais nos seus sentidos e no raciocínio prático do que nas inspirações, teorias ou intuições. Está sintonizada com o mundo das formas concretas, que os sentidos captam como sendo reais. Tem uma compreensão inata a respeito de como o mundo material funciona, da qual nasce uma natural paciência e sentido de disciplina para lidar com a realidade.

Na música de Terra, há a preocupação em ser formalmente bom e correto, não de ser agradável. Pode haver secura de beleza e de melodia, detidas pela necessidade imperiosa de eficiência, objetividade e correção. Os motivos melódicos podem ser simples, apenas eficientes sem serem atraentes, ou pouco imaginativos.

— **Dvorak**, *Dança Eslava op. 46 nº 6, em Ré Maior* (faixa 7 do CD que acompanha o livro)

— **Dvorak**, *Concerto para cello em Mi Menor, op. 104, allegro*

— **Brahms**, *Intermezzo-adagio da Fantasia, op. 116*

— **Brahms**, *Rapsódia nº 4 em Mi^b Maior, op. 119*

— **Thalberg**, *Concerto para piano em Fá Menor, op. 5*

— **Prokofiev**, *Sonata para piano nº 6 em Lá Maior, op. 82*

Há uma particular acentuação no efeito físico do som. Nesse sentido, a **instrumentação** e o **timbre sonoro** são, boa parte das vezes, mais expressivos do que a harmonia, a melodia ou mesmo o ritmo.

— **Dvorak**, *Dança Eslava op. 46 nº 6, em Ré Maior* (faixa 7 do CD que acompanha o livro)

— **Prokofiev**, *Pedro e o Lobo*

— **Prokofiev**, *Concerto para piano e orquestra nº 5 em Sol Maior, op. 55*

A praticidade, a cautela, a estabilidade, as rotinas estabelecidas e o raciocínio prático e produtivo são seus modos de conduta. Sua força está na capacidade de resistência e de persistência, resultantes do crédito que dá à realidade e da sua capacidade de extrair resultados produtivos com ela.

Na música de Terra, temos uma grande eficiência no uso de recursos mínimos, uma necessidade de mostrar labor e eficiência, mais do que de criar envolvimento emocional. Há uma tendência à "avareza" sonora, com pouco colorido, apenas meios-tons, tanto nos sentimentos quanto no embelezamento sonoro. Há um distanciamento emocional, aparentando não ter um estado emocional (nem alegre nem triste, mas ao final com uma tendência à melancolia).

— **Dvorak**, *Dança Eslava op. 46 nº 6 em Ré Maior* (faixa 7 do CD que acompanha o livro)

— **Bruch**, *Concerto para violino nº 1 em Sol Menor, op. 26*

— **Fauré**, *Impromptu nº 2, op. 31*

— **Scriabin**, *Prelúdios op. 11*, em particular o *nº 3* e o *nº 10*

— **Chabrier**, *Dez Peças Pitorescas, Bourrée Fantastique*

Para a pessoa de temperamento de Terra conta o que ela é capaz de fazer. As emoções que não sejam suficientemente fortes para levar à realização de atos são ocultadas, não sendo levadas em conta pelo temperamento terroso. A vida mental inclina-se às ciências exatas e aplicadas, baseando seus conceitos naquilo que é materialmente perceptível. Sua moral baseia-se nas leis da natureza.

Na música de Terra, está presente a busca por "alegrias simples" e sensoriais. Os sentimentos ou abstrações são lineares e aparentes, percebidos através de uma forma estável e sólida, não levando a complexidades nem a profundidades ou tensões. A simplicidade de sentimentos é, talvez, a característica principal de sua emotividade.

— **Satie**, *Je te Veux* (faixa 9 do CD que acompanha o livro)

— **Satie**, *Descriptions automatiques*

— **Ponchielli**, *Dança das Horas*, da ópera *La Gioconda*

— **Tchaikovsky**, *Suíte Quebra-Nozes*, em particular a *Dança das Flautas de Bambu*

— **Tchaikovsky**, *Serenata em Dó Maior, op. 48, valsa*

— **Chabrier**, *Habanera*

— **Fauré**, *Suíte Dolly*

— **Fauré**, *Romance sem palavras nº 3, andante moderato*

O excesso de elemento Terra é marcado por confiança na aparência e na forma das coisas, preocupação só com o resultado material, falta de imaginação, estreiteza de visão e rigidez de princípios, assim como pela inércia, atitudes críticas e falta de disposição para a expansão dos horizontes, devido ao excessivo envolvimento com o mundo prático imediatamente colocado à sua volta.

Na música de Terra, há a busca de um sentimento inalcançável, algo que não cabe na realidade material onde tenta introduzi-lo. Há uma sensibilidade quase que apenas induzida ou sugerida, mas nunca manifestada por inteiro. Como se todas as suas experiências devessem caber apenas no plano da materialidade e das ações concretas. Desta tentativa surge uma espécie de resignação melancólica ou então uma eficiência em apresentar "realisticamente" a condição humana, enfatizando com ironia ou sarcasmo suas contradições e ridículos.

— **Satie**, *Je te Veux* (faixa 9 do CD que acompanha o livro)
— **Satie**, *Croquis et agaceris d'un gros bonhomme en bois*
— **Chabrier**, *Marcha Alegre*
— **Scriabin**, *Sonata nº 3, op. 23*
— **Fauré**, *Valsa-capricho, op. 30*

A pouca estimulação a este elemento, dentro de um determinado temperamento, causa falta de sentido prático, dificuldade para sobreviver por si, sensação de estar deslocado no mundo, esquecimento das necessidades físicas, falta de noção de realidade e falta de praticidade.

A música de Terra reforça o lado prático do temperamento humano, a estabilidade na atuação e a constância perseverante. Fortalece o sentido de realidade, fazendo a pessoa situar-se em relação a seu próprio corpo, ao seu "aqui e agora" imediato e às tarefas e obrigações práticas que tem nas mãos. Aumenta a confiança na capacidade produtiva. Evoca um sentimento de aconchegante tranqüilidade, como se emocionalmente de nada precisássemos. Traz um sentido de equilíbrio com a Natureza e com os ritmos naturais, levando à "afinação" com a realidade mais básica da experiência humana.

— **Dvorak**, *Dança Eslava op. 46 nº 6 em Ré Maior* (faixa 7 do CD que acompanha o livro)

— **Dvorak**, *Serenata para cordas em Si Menor, op. 22, moderato*

— **Brahms**, *Sinfonia nº 3 em Fá Maior, op. 90, poco allegretto*

— **Satie**, *Rêverie du pauvre*

A pessoa de elemento Terra precisa, para equilibrar-se, expressar sua capacidade de realização material, sendo o trabalhador das coisas práticas e concretas. Precisa aprender a vencer a resistência do mundo material, desenvolvendo produtividade e desapego aos frutos do trabalho.

Os compositores do elemento Terra mais indicados para um efeito harmonizante são: **Brahms**, **Tchaikovsky** (músicas para balé, concertos para piano ou violino), **Fauré**, **Chabrier**, **Dvorak**, **Satie** (especialmente as peças contemplativas) e **Prokofiev**.

Água

O elemento **Água** está ligado à emoção, à fantasia, à sensibilidade, à impressionabilidade e ao romantismo. Este elemento simboliza o universo das emoções humanas e da subjetividade imaginativa, que impele as pessoas a reagirem à sua interpretação pessoal da realidade.

A música de Água apresenta uma imaginação melódica criativa e fluente, uma emocionalidade exuberante e uma percepção aguda dos sentimentos, assim como uma imediata e plena demonstração destes. O romantismo e a fantasia são as marcas da música aquática, que estimula o sonhar e desperta a imaginação para o insondável. A **melodia**, incitando a imaginação, é a marca mais expressiva da música aquática, sobrepujando seu ritmo e harmonia.

— **Scarlatti**, *Sonata em Si^b Maior K. 551* (faixa 10 do CD que acompanha o livro)

— **Chopin**, *Concerto para piano nº 1 em Mi Menor, op. 11*

— **Rossini**, *Sonata para cordas em Sol Maior*

— **Mahler**, *Sinfonia nº 4 em Sol Maior, 3º movimento*

O temperamento de Água tem os fatores intangíveis desempenhando um papel fundamental em sua vida. Está em íntimo contato com as nuances e sutilezas de seus sentimentos e dos "climas emocionais" presentes no ambiente e em suas relações. As fantasias surgidas em seu interior comandam seus atos, muito mais do que o sentido de resposta prática ou a alguma forma de idealismo. O envolvimento emocional das pessoas é sua forma principal de ação.

A música de Água traz a sugestão de climas ou impressões emocionais que, mais do que apresentadas diretamente (como na música de Fogo, por exemplo), são sugeridas despertando a imaginação. Há o envolvimento do ouvinte, prendendo-o num clima criado por encantamento, fascinação ou mesmo angústia e tensão. A imaginação da música aquática cria um envolvimento que chega a ser irresistível, pelo arrebatamento, sensualidade ou sentido trágico.

— **Chopin**, *Noturno op. 15 nº 2 em Fá Sustenido Maior* (faixa 11 do CD que acompanha o livro)

— **Bizet**, *Carmem, Prelúdio do destino e Prelúdio do 3º ato*

— **Bizet**, *Variações Cromáticas*

— **Orff**, *Carmina Burana*

— **Rossini**, *Fantasia para clarineta e orquestra em Mi Maior*

Como os sentimentos humanos surgem inconscientemente, isto é, são resultado de processos psíquicos automáticos, temos o temperamento de Água subjugado por apelos que vêm de zonas desconhecidas e pouco identificáveis de sua psique. Sua percepção das regiões profundas da psique humana é aguçada, mas também enreda-se em meandros nos quais a desorientação tende a prevalecer.

A música de Água envolve através de duas linhas principais de "clima emocional": pelo fascínio sensual ou pela angústia trágica. Mas há uma terceira forma de estimular as emoções, que é tocando difusamente o universo emocional e mexendo conosco sem que saibamos direito onde ou como (às vezes num misto de angústia e encanto), colocando-nos em contato com regiões de nós mesmos a que não tínhamos acesso, criando um misto de temor, alívio e catarse ao serem trazidos à tona esses aspectos:

— **Chopin**, *Noturno op. 15 nº 2 em Fá Sustenido Maior* (faixa 11 do CD que acompanha o livro)

— **Chopin**, *Balada nº 3 em Lá^{b} Maior, op. 47*

— **Ravel**, *Pavana para uma princesa defunta*

— **Weber**, *Concertino para clarineta e orquestra em Mi^{b} Maior, op. 26*

O elemento Água representa o reino da emoção profunda e das reações sentimentais, desde as paixões compulsivas e os temores irresistíveis, até um sentido de amorosidade que abrange tudo quanto existe.

A música de Água manifesta a plenitude e a amplidão de um sentimento capaz de abarcar todos os outros sentimentos, onde caibam todos os estados emocionais e onde a alternância emocional leve a percorrer toda a gama de sensações humanas, desde a alta alegria à tristeza mais profunda. Os sentimentos têm a liberdade de fluir como num chafariz de água abundante, aspergindo para todos os lados.

— **Scarlatti**, *Sonata em Si^{b} Maior K. 551* (faixa 10 do CD que acompanha o livro)

— **Paganini**, *Concerto para violino e orquestra nº 1 em Ré Maior, op. 6*

— **Chopin**, *Concerto para piano nº 1 em Mi Menor, op. 11*

— **Weber**, *Concerto para clarineta e orquestra nº 2 em Mi^{b} Maior, op. 74*

Para a pessoa de Água o mundo concreto é marcado pelos desejos insatisfeitos e pelos atos inalcançáveis. Os desejos e as emoções são os censores de suas idéias e são a palavra final da verdade. A compreensão dos conflitos psíquicos que precedem os fatos e a compaixão são o tom de sua moralidade.

A música de Água apresenta a sensação de quem nunca encontra definitivamente sua terra. Surge a impressão de saudade e surge também a necessidade de criar um clima fecundo e receptivo aos sonhos.

— **Ravel**, *Concerto para piano em Sol Maior, adagio assai* (faixa 12 do CD que acompanha o livro)

— **Joaquin Rodrigo**, *Concerto de Aranjuez, para violão e orquestra*

— **Villa-Lobos**, *Prelúdio para violão nº 3 em Lá^b Menor*

— **Gluck**, *Dança dos Espíritos Bem-Aventurados*

— **Chopin**, *Berceuse em Ré^b Maior, op. 57*

O excesso do elemento Água (num temperamento) é marcado por extrema impressionabilidade, autoproteção, sensualismo, indolência, fuga da realidade para viver sonhos, timidez, deixar-se à deriva das circunstâncias e fazer sacrifícios desnecessários.

A música de Água pode promover uma embriaguez dos sentidos, de muitos modos diferentes: a excitação, a melancolia, a volúpia, o entorpecimento, a diversão fácil, a perseguição torturante ou a hipersensibilidade. As fantasias são estimuladas e a emocionalidade é exacerbada.

— **Ravel**, *Concerto para piano em Sol Maior, adagio assai* (faixa 12 do CD que acompanha o livro)

— **Ravel**, *Bolero*

— **Chopin**, *Valsa em Ré^b Maior op. 64 nº 1*

— **Paganini**, *24 Caprichos para violino* (em particular, os de *nº 1, 4, 18, 22 e 24*)

— **Bizet**, *Sinfonia em Dó Maior*

A ausência ou pouca presença deste elemento na composição do temperamento causa dificuldade para entender os sentimentos — próprios e alheios —, desconfiança e distanciamento de tudo que envolva sentimentalismo e fantasia, ausência de imaginação e romantismo, medo da dor e tendência à intoxicação física.

A música de Água amplia a percepção emocional, a sensibilidade e o sentido de devoção. Após percorrer todos os sentimentos humanos e perceber que neste plano não há solução para o humano, o temperamento Água busca alcançar algo superior, a redenção pelo contato com o superior. Nasce a "saudade de Deus", após perceber nas emoções humanas comuns apenas a impermanência da vida.

— **Bach**, *Paixão segundo São Mateus*, coro de introdução

A música de Água, mesmo nos momentos de elevação e busca do religioso, envolve uma sensualidade marcante. Em todos os momentos, o temperamento de Água busca a alegria e o gozo, inclusive no contato com o superior.

— **Bach**, *Paixão segundo São Mateus*, árias *Aus Liebe will mein Heiland sterben* e *Können Tränen meiner Wangen*

A grandeza de sentimento e a compreensão (pela aceitação da condição humana) são estimuladas pela audição de música de temperamento de Água, que pode atuar como um bálsamo que nos restaure da dor.

— **Scarlatti**, *Sonata em Si^b Maior K. 551* (faixa 10 do CD que acompanha o livro)

— **Borodin**, *Quarteto para cordas nº 2 em Ré Maior, Noturno*

A pessoa de elemento Água equilibra-se experimentando as emoções em seu interior, associadas à esperança de que será redimida da volubilidade de seus sentimentos. Deve conceder uma direção à imaginação e desvencilhar-se do medo e da preocupação alimentados pelo desejo de viver intensamente prazer e dor, controlando toda forma de exacerbação psíquica e de sensualismo, e sendo piedosa para com os outros ao invés de para consigo própria.

Os compositores do elemento Água mais indicados para um efeito harmonizante são: **Scarlatti**, **Rossini**, **Weber**, **Mahler** e **Chopin** (algumas obras escolhidas).

Bibliografia Sucinta

SOBRE MÚSICA

BARRAUD, Henry. *Para compreender as músicas de hoje.* Ed. Perspectiva, São Paulo, 1975.

CARPEAUX, Otto Maria. *Uma nova história da música.* Ediouro, São Paulo.

COTTE, Roger J. V. *Música e Simbolismo.* Ed. Cultrix, São Paulo, 1991.

Dicionário Grove de Música, edição concisa. Jorge Zahar Editor, Rio de Janeiro, 1994.

HAMEL, Peter Michael. *O autoconhecimento através da música.* Ed. Cultrix, São Paulo, 1989.

LINGERMAN, Hal. A. *As energias curativas da música.* Ed. Cultrix, São Paulo, 1990.

TRANCHEFORT, François-René. *Guia da música sinfônica.* Ed. Nova Fronteira, Rio de Janeiro, 1990.

SOBRE ASTROLOGIA

ADLER, Oscar. *La Astrología como Ciencia Oculta.* Editorial Kier, Buenos Aires, 1978.

ARROYO, Stephen. *Astrologia, psicologia e os quatro elementos.* Ed. Pensamento, São Paulo, 1984.

QUEIROZ, Gregório J. P. *As qualidades primitivas na astrologia.* Ed. Pensamento, São Paulo, 1992.

WEISS, Adolfo. *Astrologia racional.* Editorial Kier, Buenos Aires, 1977.

DESCUBRA O SEU SIGNO ASCENDENTE

Gregório José Pereira de Queiroz

Depois de conhecer as características do seu signo solar – sempre o mais divulgado – para você ter um conhecimento mais profundo das influências astrológicas e das características da sua personalidade descritas por esta ciência tradicional é preciso conhecer o seu Ascendente.

O signo Ascendente ou, simplesmente, o Ascendente de uma pessoa é o signo que estava ascendendo ou despontando na linha do horizonte leste no instante do nascimento.

No plano físico, o Ascendente determina a forma do corpo físico e a fisionomia; no plano psíquico, determina as manifestações primordiais da personalidade; e no plano existencial, determina os primeiros anos de vida e todos os momentos em que algo se inicia na vida do indivíduo.

Este livro traz um método simplificado para o cálculo do signo Ascendente e a descrição dos doze signos do Zodíaco quando se referem ao mesmo. Ensina a calcular a posição dos demais signos nas casas astrológicas e, conseqüentemente, a delinear os pontos básicos do horóscopo individual, além de propor aos leitores uma maneira fácil de iniciarem o exercício de interpretação do mapa astral através da análise dos signos zodiacais nas casas astrológicas.

EDITORA PENSAMENTO

HATHA YOGA E O COMPORTAMENTO NA VIDA

Comentário e tradução do *Hatha Yoga Pradipika*

Gregório José Pereira de Queiroz

Este livro pretende coordenar o ensinamento tradicional do Hatha Yoga e o modo de aplicá-lo na prática, nos dias de hoje.

Na qualidade de elemento exótico — mesmo com a atual tendência para o exotismo — o Hatha Yoga tem dificuldade para servir àqueles que aspiram a ser melhores, a se transformar, devido à inadaptação de um modo de vida antigo e de outra raiz cultural, ao modo como vivemos aqui e agora.

O texto tradicional — *Hatha Yoga Pradipika* — tomado como base para a formulação deste livro, perdeu, assim, o contexto de vida, de ambiente sócio-cultural, que lhe dava sentido prático.

A tradução para a língua portuguesa apenas seria insuficiente para tornar compreensível toda a extensão do seu significado. Foi necessária uma reconcepção da forma e da abordagem para que o seu conteúdo se mantivesse intato, pronto para indicar o que fazer — e em que seqüência — para se viver a vida de forma consciente.

EDITORA PENSAMENTO

AS QUALIDADES PRIMITIVAS NA ASTROLOGIA

A Formação dos Elementos, dos Signos e dos Planetas

Gregório José Pereira de Queiroz

As Qualidades Primitivas, que se definem a partir de quatro princípios: Quente, Frio, Úmido e Seco, são os conceitos primordiais dentro do estudo astrológico, sendo os fatores formativos dos quatro elementos, dos signos e dos planetas.

Através do estudo das Qualidades Primitivas chega-se a uma compreensão mais profunda e, num certo sentido, mais holística, dos elementos, signos e planetas, pois os define a partir de quatro qualidades básicas: expansão, contração, fluidez e tensão. Todo o conjunto do mapa astrológico pode ser analisado resumindo-se a esses conceitos.

Além da informação a respeito de Astrologia, este livro, através da dedução de como os fatores mais complexos se formam a partir das Qualidades primordiais, busca formar a mente do leitor dentro de um pensar astrológico, que é uma forma de pensar própria desta Ciência Tradicional, voltado para uma universalização da percepção humana.

EDITORA PENSAMENTO